Geneton Moraes Neto

DOSSIÊ HISTÓRIA

ROTEIRO

LONDRES, INGLATERRA
O homem que interrogou Bin Laden — 6

HAMBURGO, ALEMANHA
Retrato falado de um dos maiores terroristas da História: o longo caminho de um estudante rumo ao martírio — 44

LONDRES, INGLATERRA
A balada do "homem-bomba ambulante": um militante palestino lança um sinal de alerta. — 104

MUNIQUE, ALEMANHA
O depoimento completo do homem que encarou os terroristas nas olimpíadas de Munique — 130

GODALMING, INGLATERRA
Confissões de um soldado nazista na
solidão dos seus 85 anos — 172

ECKLAK, ALEMANHA
O filho do carrasco nazista ataca um
inimigo mortal: o próprio pai — 218

ESTRASBURGO, FRANÇA
Um dilema: a mulher descobre que o
tio era um criminoso de guerra. O que
fazer? — 248

SÃO PAULO, BRASIL
Extra! Extra! As lições do repórter que
derrubou um presidente — 268

O homem que interrogou
Bin Laden

ovelhas –, Bin Laden caminha por ... aberta de
neve, no ... monta-
nha de ... Alega-
nistão. ... descre-
ve a ta... de usar
para in... exames,
danos e ilumina... á superpotência que seus olhos fundamentalistas enxergam como
a encarnação do mal na Terra:
os Estados Unidos da América do Norte.

Abdel Bari Atwan

LONDRES, INGLATERRA
Apoiado em um cajado – que lhe confere um ar de pastor de ovelhas –, Bin Laden caminha por uma trilha coberta de neve, no alto de uma montanha de Tora Bora, no Afeganistão. Com voz suave, descreve a tática que pretende usar para infligir derrotas, vexames, danos e humilhações à superpotência que seus olhos fundamentalistas enxergam como a encarnação do mal na Terra: os Estados Unidos da América do Norte.

Ao lado de Bin Laden, Abdel Bari Atwan – que detectou a "suavidade" no tom de voz do líder da organização terrorista Al-Qaeda – anota freneticamente tudo o que ouve. Tentou gravar a peroração, mas esbarrou na resistência de Bin Laden a gravadores.

Atwan procurou saber por que diabos Osama Bin Laden preferia que suas palavras fossem anotadas, ao invés de gravadas. Um dos militantes da Al-Qaeda deu a ele uma informação que serve de pista do que passa pela cabeça desse pastor de ovelhas antiamericanas: Bin Laden não queria gravar porque temia cometer um ou outro tropeço na construção de uma frase ou na citação de uma passagem do Alcorão. Diante do que viu e ouviu, Atwan elaborou uma explicação para essa demonstração extremada de perfeccionismo: como espera um dia ser entronizado como o califa que comandará os muçulmanos de todo o planeta, Bin Laden não quer deixar atrás de si registros de imperfeições, por menores que sejam.

Terminada a peroração de Bin Laden, Atwan descobriu que tinha colhido na fonte, sem intermediários, as duas pontas de um novelo.

Primeira ponta: os motivos do ódio que o homem do cajado devotava aos Estados Unidos. São dois. Primeiro, Bin Laden reclamou de que os Estados Unidos usaram – e depois abandonaram – "fervorosos" guerrilheiros islâmicos que, nos anos 80, lutavam contra as tropas soviéticas que tinham invadido o Afeganistão, um país islâmico. A derrota soviética atendia aos interesses americanos, porque a União Soviética era a grande inimiga dos Estados Unidos no cenário internacional. Segundo motivo: Bin Laden considerou um sacrilégio intolerável a presença maciça de soldados americanos em lugares sagrados do islamismo, na Arábia Saudita, durante o deslocamento de tropas que lutaram na primeira Guerra do Golfo, em 1991. As origens da guerra que ele declararia aos Estados Unidos remontam, então, ao Afeganistão e à Arábia Saudita. Bin Laden também se queixou do apoio americano a "ditaduras corruptas" no mundo árabe.

Segunda ponta: a revelação de Bin Laden da tática que adotaria contra os Estados Unidos. (Já, já, Atwan dará detalhes do que ouviu.)

Atwan bate no peito: diz que os três dias que passou em companhia de Bin Laden em Tora Bora o transformaram no jornalista que mais tempo ficou com o líder da Al-Qaeda, antes ou depois do 11 de Setembro.

Quem é, afinal, esse homem a quem Bin Laden fez tantas confidências, antes dos ataques de 11 de setembro de 2001? Abdel Bari Atwan é um palestino, nascido na Faixa de Gaza. Radicado na Inglaterra, dirige um jornal de língua árabe que é publicado em Londres, o *Al-Quds al-Arabi*. A chance de um encontro face a face com Bin Laden nas montanhas de Tora Bora nasceu depois de um convite da Al-Qaeda.

Não por acaso, Atwan se tornou especialista em Bin Laden. Aceitou nosso pedido de entrevista, mas demonstrou ser um homem desconfiado. Vive olhando para os lados, como se estivesse se guardando contra a investida de algum intruso imaginário. Sobre a mesa de trabalho, ao lado do teclado do computador, mantém um terço islâmico ao alcance da mão, para quando quiser enviar aos céus uma prece a Alá. O bigode é de Saddam Hussein. Os cabelos devem ter passado por uma tintura rejuvenescedora.

Jornais publicaram que Osama Bin Laden chegou a andar com um cartão de visita de Atwan no bolso. Atwan já declarou, escreveu e repetiu que não endossa nem apóia a "agenda da Al-Qaeda". Mas é certo que o encontro nas montanhas de Tora Bora serviu para estabelecer uma relação de confiança entre o bigodudo Atwan e o candidato a califa Osama Bin Laden. Basta um exemplo: a Al-Qaeda escolheu o jornal de Atwan para divulgar comunicados de repercussão mundial, como, por exemplo, o e-mail em que a organização assumia a autoria dos atentados que abalaram Madri em 2005.

Aos olhos das autoridades americanas, os contatos de Abdel Bari Atwan com a Al-Qaeda podem ter sido meramente profissionais, mas foram suficientes para colocá-lo sob um não explicado manto de suspeição. As tentativas que Atwan fez para obter visto de entrada nos Estados Unidos, para atender a convites de universidades, trombaram em dificuldades, restrições e vexames. Atwan desistiu de tentar.

As instalações do jornal *Al-Quds al-Arabi* são modestas. Ficam no primeiro andar de um prédio feio na King Street.

Começa a gravação. Abdel Bari Atwan vai traçar um retrato falado do homem que declarou guerra à maior potência militar do planeta.

Qual foi o comentário mais marcante que Bin Laden fez ao senhor sobre a luta contra os Estados Unidos?

"Bin Laden me disse: 'Se eu conseguir atrair os americanos para o oriente Médio, para combatê-los em meu próprio terreno, em meu próprio chão, em meu próprio quintal, será perfeito'."

Osama Bin Laden me levou para uma "excursão turística" pelas montanhas de Tora Bora. Caminhamos sob um frio intenso. Disse-me: "Não posso combater os americanos nos Estados Unidos, porque é extremamente difícil. É algo que exige grande planejamento e grande esforço. Mas, se eu conseguir atrair os americanos para o Oriente Médio, para combatê-los em meu próprio terreno, em meu próprio chão, em meu próprio quintal, será perfeito. Prometo a você que farei maravilhas, porque essa será uma das melhores coisas que podem acontecer em minha vida: lutar contra os americanos em território islâmico, em território árabe".

Parece que o presidente Bush, um homem esperto, satisfez esse desejo de Bin Laden ao invadir o Iraque e o Afeganistão. Hoje, a Al-Qaeda se reagrupa no Afeganistão; o Talibã, também, impõe perdas às forças da OTAN. Destruíram a reputação da América – política e militar – depois da invasão do Iraque. Veja-se o que a Al-Qaeda e outras organizações estão fazendo contra as forças americanas no Iraque: cerca de 3.000 mortes! Deus sabe o que acontecerá ainda.

O senhor diz que Bin Laden transformou os Estados Unidos em parte do Oriente Médio. Como é que o senhor explica essa estratégia?

Bin Laden conseguiu enganar os Estados Unidos. Conseguiu ser mais rápido do que eles: planejou o ataque contra o World Trade Center para fazer com que os americanos mandassem tropas para o Oriente Médio e para o Afeganistão. Lá, Bin Laden poderia combatê-las.

"Bin Laden sabia que, se os Estados Unidos enviassem tropas para o Oriente Médio, enfrentariam o destino que enfrentaram no Vietnã, ou que os soviéticos enfrentaram no Afeganistão."

Quem olha para a História vai ver que todos os impérios caíram porque tentaram expandir suas fronteiras e atacar países menores. Parece que Bin Laden estudou História muito bem. Porque sabia que, se os Estados Unidos enviassem tropas para o Oriente Médio, enfrentariam o destino que enfrentaram no Vietnã, ou que os soviéticos enfrentaram no Afeganistão. Bin Laden planejou tudo. Deve estar satisfeito.

Escondido em algum lugar, ele deve estar esfregando as mãos de contente, porque não poderia imaginar que os Estados Unidos fariam o que estão fazendo agora. Bin Laden não imaginava que os Estados Unidos estariam sofrendo derrotas num país como o Iraque. Não esperava que os Estados Unidos fossem gastar essa montanha de dinheiro, centenas de bilhões de dólares, além de perder 3.000 soldados, até agora.

Se Bin Laden morrer amanhã, morrerá feliz. Porque conseguiu se vingar dos Estados Unidos, o grande país que ele considera o mal. Bin Laden fez com que os Estados Unidos fossem humilhados no Oriente Médio, na mão de muçulmanos e árabes. Deve estar extremamente feliz agora.

Depois dos encontros com Bin Laden, o senhor escreveu que teve a impressão de que ele não é um homem comum. O que é que ele tem de tão extraordinário?

O que chamou minha atenção, no caso de Osama Bin Laden, é que ele é um homem corajoso. Não teme a morte. A verdade é que ele lamentava o fato de ainda estar vivo.

Bin Laden me disse que gostaria de ter morrido com seus companheiros que foram mortos na luta contra as tropas soviéticas no Afeganistão. Porque ele considera esta vida precária. O que ele quer é a vida eterna. Quer ir para o paraíso. A declaração que Bin Laden me fez nesse sentido me impressionou.

Outra coisa que me impressionou foi a humildade que Bin Laden cultiva. Um exemplo: ele comia a mesma comida que seus companheiros, como qualquer outro guerrilheiro *mujahedin*. (*Mujahedin, que significa "combatente", é o nome dado a um muçulmano envolvido numa batalha.*) Por essa razão, era adorado e amado por eles. Bin Laden me mostrou coragem. Parecia ter paz de consciência. Não demonstrava ter medo de nada. É um personagem fascinante.

É verdade que o senhor recebeu ligações da Al-Qaeda?
Recebi várias chamadas telefônicas da Al-Qaeda, mas não de Bin Laden, pessoalmente. As ligações foram feitas pelo braço direito de Bin Laden na área militar, Abu Hafs al-Misri, depois do bombardeio de Kandahar, em 1998, quando o presidente Bill Clinton enviou mísseis Cruise como vingança contra o ataque a embaixadas americanas em Nairóbi (*Quênia*) e Dar es Salaam (*Tanzânia*).

Abu me telefonou. Disse-me que eles iam se vingar. Iam dar aos Estados Unidos uma lição que os americanos jamais tinham recebido. É provável que ele estivesse dando sinais do que aconteceria a 11 de setembro.

Osama Bin Laden pessoalmente não usa telefone. Não usa celular. Não usa qualquer tipo de equipamento eletrônico, porque sabe que pode ser fatal. Mas seus companheiros e assessores usam telefone.

"Bin Laden me disse que gostaria de ter morrido com seus companheiros que foram mortos na luta contra as tropas soviéticas no Afeganistão. Porque ele considera esta vida precária. O que ele quer é a vida eterna. Quer ir para o paraíso."

O senhor tem alguma dúvida de que o telefone desta sala possa ter sido grampeado?
Acredito que órgãos de segurança estão acompanhando esta conversa, porque meu escritório foi invadido duas vezes. É provável que estejam grampeando esta nossa conversa. A primeira invasão ocorreu depois da Guerra do Golfo, em 1991. A segunda, depois do 11 de Setembro. Alguém arrombou a porta do meu escritório, entrou aqui e foi embora sem roubar nada.
De qualquer maneira, não haveria o que roubar: as portas estão abertas. Não tenho o que esconder. Talvez eles tenham instalado aparelhos de escuta ou até câmeras aqui ou algum equipamento no meu computador.
Um amigo me disse: "Você deveria contratar uma empresa de segurança para revistar tudo aqui no escritório, inclusive o telefone e o computador". Mas eu disse: "Por favor, não!". Se eu por acaso remover algum aparelho de escuta, vão pensar que tenho o que esconder. Deixem que escutem tudo – inclusive minhas conversas particulares. Não encontrarão qualquer conversa com Osama Bin Laden nas minhas linhas telefônicas, pela simples razão de que Osama Bin Laden não usa telefone.

Em que lugar o senhor procuraria Bin Laden hoje?
Bin Laden é um sujeito esperto. Cuida da própria segurança. Ninguém pode predizer onde encontrá-lo. Se os serviços de informação americanos, com todo o conhecimento, todo o equipamento, todo o dinheiro e todos os agentes de que dispõem, não puderam encontrá-lo, você acha que alguém como eu terá sucesso numa empreitada em que todas as agências americanas falharam?

Mas, se você me perguntar se posso arriscar um palpite, posso: eu iria para grandes cidades do Paquistão, por exemplo. Definitivamente, Osama Bin Laden pode estar em Karachi, em Hyderabad, em Islamabad. Se ele não estiver no Paquistão, pode estar numa dessas ex-repúblicas islâmicas soviéticas. Ou pode estar na China. Ninguém pode dizer. O homem sabe como agir.

Perguntei a ele, pessoalmente: "Um dia, você será forçado a sair do Afeganistão, assim como foi forçado a sair do Sudão. Você já pensou sobre este assunto? Você já fez planos?" Osama me respondeu "Sim!". Citou o Iêmen.

Fiz a entrevista com Bin Laden em Tora Bora, uma região montanhosa do Afeganistão. Mas ele me disse que poderia ir para o Iêmen, porque as montanhas do Iêmen eram como as de Tora Bora. "As montanhas vão me proteger", disse-me Bin Laden. Então, ele pode estar numa região montanhosa.

É verdade que o senhor recebeu informação prévia sobre aquele que viria a ser o pior ataque terrorista da história?

Eu estava esperando um ataque da Al-Qaeda contra os Estados Unidos. Mas, para ser sincero, não esperava que fosse na escala do que aconteceu em Nova York em 11 de setembro.

O braço direito militar de Bin Laden tinha me dito que a Al-Qaeda iria ensinar aos Estados Unidos uma lição muito, muito grande, algo de que os americanos jamais se esqueceriam. Recebi, portanto, a informação de que "alguma coisa" iria acontecer, porque Osama Bin Laden estava se preparando para algo "grande". A ligação telefônica que recebi dizia: "Pode esperar que alguma coisa vai acontecer".

Imaginei que a Al-Qaeda fosse atacar uma embaixada americana. Mas nunca me ocorreu que eles fossem tão longe, a ponto de planejar um ataque ao World Trade Center, o maior centro financeiro do mundo. Mas eles planejaram o ato muito bem, o que, para mim, foi uma surpresa.

O senhor se arrepende de não ter avisado ninguém da possibilidade de um grande ataque?
Recebemos o tempo todo informações sobre ataques que, no fim, terminam não acontecendo. Pensei, então, que esse telefonema que recebi trazia uma informação igual a tantas outras.

Nós, árabes, habitantes do mundo islâmico, estamos sempre ameaçando atacar ou praticar vingança. As ameaças nem sempre se realizam. Eu não estava certo de que eles preparavam um ataque na escala do que aconteceu. Não levei o aviso a sério. Mas, se pudesse evitar um ataque maciço como aquele, eu evitaria.

Que tipo de comentário Bin Laden fez ao senhor sobre a possibilidade de fazer um grande ataque contra os Estados Unidos?
Bin Laden estava cheio de ódio contra os Estados Unidos. Pude ver. O que ele queria era se vingar, fazer um grande ataque. Era o tempo todo assim. Quando eu mencionava os Estados Unidos, podia ver o sangue lhe subir à cabeça.

Bin Laden me disse que queria se vingar. Queria atacar. Queria promover um ataque muito, muito grande. Queria atingir os Estados Unidos no bolso. Ou seja: abalar o nervo financeiro do país de uma maneira ou outra. O que ele me disse é que um grande

"Quando eu mencionava os **EUA** podia ver o sangue subir à cabeça de Bin Laden."

"O motorista respondeu: 'Um grupo estava passando por aqui. Uma grande pedra caiu. Esmagou o carro. Todos morreram. Estão com Deus agora, no paraíso. São mártires'."

ataque exige muita preparação. Não é fácil. Um ataque assim demanda tempo e preparo. Ao me dizer essas coisas, talvez ele estivesse se referindo ao que viria a acontecer no 11 de Setembro.

Qual foi o momento mais assustador do encontro que o senhor teve com Bin Laden?
Houve três coisas assustadoras.
Primeira: quando estávamos indo para o encontro, em Tora Bora, passamos por estradas primitivas e estreitas. Eram estradas feitas para camelos e burros, não para carros. Quanto mais alta a estrada, mais escorregadia. O motorista devia ter uns 18 anos. Dirigia como se estivesse numa auto-estrada. Fiquei morrendo de medo.
Segunda: quando a gente estava chegando ao topo da montanha, vi pedras que rolavam sobre a estrada. O motorista parava o carro na estrada para remover as pedras do meio do caminho. Tudo indicava que outras pedras iriam cair adiante. Perguntei: "Isso é normal?". Porque era assustador ver pedras caindo na estrada. O motorista respondeu: "É normal! Dez dias atrás, um grupo estava passando por aqui. Uma grande pedra caiu. Esmagou o carro. Todos morreram. Estão com Deus agora, no paraíso. São mártires. Então, se acontecer algo assim, será bom, porque iremos para o paraíso!".
Eu disse: "Talvez seja cedo para eu ir para o paraíso. Porque quero fazer a entrevista...".
Terceira: cinco minutos depois de chegar à caverna, ouvi barulho de tiros, foguetes, tudo. Todo mundo que estava dentro da caverna correu para fora com suas armas. Fiquei onde esta-

va, na caverna. Quase não me mexi. O som de tiros durou uns 20 minutos. Eram foguetes, bateria antiaérea.

Quando voltaram, eles disseram: "Isso foi um exercício militar. Os americanos poderiam ter seguido você. Fazemos estes exercícios rotineiramente".

Quando o exercício ia começar pela segunda vez, segurei um dos soldados e disse: "Por favor, fique comigo! Estou assustado!". Os outros foram para fora da caverna, mas aquele ficou comigo. Temi que os americanos pudessem nos atingir. Se atingissem, tudo estaria acabado para nós ali.

Depois, quando estava dormindo no mesmo quarto que Osama Bin Laden, em camas que na verdade eram feitas de galhos de árvores, logo senti que havia alguma coisa incomodando minhas costas. Não eram camas apropriadas. Não estávamos no Hotel Sheraton, afinal de contas. Como a cama era ruim, eu não conseguia dormir direito. Tentei, então, ver o que estava me incomodando. Botei a mão embaixo da cama. Puxei. Era um revólver.

Puxei as outras coisas: era uma caixa de granadas de mão! Descobri que estava dormindo sobre um arsenal!

Bin Laden estava ao lado – dormindo. Posso dizer que ele não roncava. Se alguém quisesse matá-lo, aquela era a melhor oportunidade. Porque eu tinha os revólveres, as granadas, tudo. Mas eu jamais pensaria em algo assim...

Um dos mais importantes jornais ingleses diz que Bin Laden confia no senhor. Isso, para o senhor, é motivo de orgulho ou de vergonha?

"Depois, quando eu estava dormindo no mesmo quarto que Osama Bin Laden, em camas que na verdade eram feitas de galhos de árvores, logo senti que havia alguma coisa incomodando minhas costas. Botei a mão embaixo da cama. Puxei. Era um revólver."

Para ser honesto, tenho orgulho do fato de Bin Laden confiar em mim. Porque, como jornalista, é bom ser confiável. Se você não é confiável como jornalista, você é um vigarista: não é um profissional.

Bin Laden acredita em mim apenas porque sabe que sou independente. Sou o único que pode publicar suas palavras sem alterá-las. Sou o único que não o chamaria de terrorista. Porque a maior parte da mídia árabe é controlada pela Arábia Saudita, país inimigo de Bin Laden. Nosso jornal é o único não controlado pela Arábia Saudita. Posso então entrevistá-lo – e escrever sobre ele.

Não acredito que nenhum jornalista árabe, naquela época, ousaria entrevistá-lo. É por isso que ele confia em mim. Espero ter feito um bom trabalho. Fui profissional. Como jornalista, procurei dar um furo. Reconheço que esse foi o maior furo de reportagem de minha vida.

Por causa dessa entrevista, sou conhecido hoje. Sou agradecido a Osama Bin Laden porque ele me deu essa entrevista. De outra maneira, eu não estaria aqui, sentado com você, falando para milhões de brasileiros. Tenho de ter orgulho do que fiz.

Qual foi a impressão pessoal mais marcante que Bin Laden deixou no senhor?

Bin Laden me impressionou por ser alguém muito, muito humilde. Modesto. Verdadeiro, fala pouco. Não é como nós, árabes do Oriente Médio, ou talvez latino-americanos, que são barulhentos e usam as mãos para falar.

Não. Bin Laden é calmo. Raramente ri. Fala com suavidade. Jamais interrompe você. Espera que você termine de falar. Quando fala, usa poucas palavras. Não é como nós, que falamos sem parar. Ao mesmo tempo, tem senso de humor. Disse-me: "Precisamos da América. Queremos cooperar com eles. Precisamos vender o petróleo que temos. Não podemos beber petróleo. Não dá para beber...".

Osama Bin Laden também me falou sobre os investimentos que fez no Sudão. Investiu 200 milhões de dólares. Perdeu cerca de 165 milhões, porque o governo sudanês o expulsou do país, sob pressão dos Estados Unidos e da Arábia Saudita. Bin Laden disse a eles: "Vocês querem me mandar para fora? Tudo bem. Mas e o meu dinheiro? Tenho 165 milhões de dólares no país! Vocês vão me pagar?".

Os sudaneses disseram que não iriam pagar porque estavam quebrados. "Não temos dinheiro para pagar você!". Bin Laden quis saber: "Como é que vocês vão me pagar, então?".

O presidente Al-Bashir, segundo Bin Laden me contou, disse: "Damos a você milho, trigo, goma-arábica, gado... Aos poucos, a gente paga". Bin Laden retrucou: "Quem é que vai comprar milho, trigo ou gado de Osama Bin Laden? Ninguém!".

Bin Laden me disse que entendeu ali que jamais teria o dinheiro de volta.

Pelo que ouviu de Bin Laden, como é que o senhor explica o ódio extremo que ele desenvolveu contra a civilização ocidental?

Osama Bin Laden vive cheio de ódio contra a administração dos Estados Unidos, não contra o povo. É contra as políticas

"Bin Laden lutou no Afeganistão para libertar o país de tropas estrangeiras. Mas, quando voltou para a Arábia Saudita, viu que havia meio milhão de soldados americanos lá, justamente no país em que ele nasceu. Perguntou: 'Qual é a diferença?'."

americanas, porque sente que, quando combatia as tropas soviéticas no Afeganistão, foi usado pelos americanos e depois descartado, como se fosse um lenço. Milhares de árabes *mujahedins* foram mortos na luta para manter as tropas soviéticas fora do Afeganistão. Osama Bin Laden ficou amargurado. Depois que eles derrotaram as tropas soviéticas, os Estados Unidos os descartaram. Como se não bastasse, os combatentes passaram a ser considerados terroristas. Ou seja: cumpriram um papel, foram abandonados e, no fim das contas, ainda foram acusados de terroristas.

Bin Laden lutou no Afeganistão para libertar o país de tropas estrangeiras. Mas, quando voltou para a Arábia Saudita, viu que havia meio milhão de soldados americanos lá, justamente no país em que ele nasceu. Perguntou: "Qual é a diferença? O que ocorria no Afeganistão era uma ocupação soviética. Aqui, é ocupação americana".

Feitas as contas, ele sentia que tinha sido traído pelos americanos. Para ele, os americanos estavam fazendo na Arábia Saudita a mesma coisa que os soviéticos tinham feito no Afeganistão.

Que sentimento o senhor tem em relação aos Estados Unidos?
Amo os Estados Unidos. Amo a experiência americana. Imigrantes de todas as partes do mundo foram ao país. Criaram uma superpotência. É um país multicultural, multiétnico, multirreligioso. Encontramos nos Estados Unidos todas as cores, todas as culturas, todas as religiões, que, trabalhando juntas, conseguiram criar uma superpotência. A igualdade, a

democracia, os direitos humanos, a Constituição, tudo forma uma bela experiência. Gostaria que tivéssemos essa experiência em todo o mundo.

Mas para nós, árabes, muçulmanos, povos do Terceiro Mundo, o problema é a política externa americana, que vem nos destruindo!

Os Estados Unidos apóiam ditaduras no Oriente Médio e lançam guerras. Hoje, enfrentamos três guerras no mundo islâmico: estão nos combatendo no Afeganistão, estão nos combatendo no Iraque, estão nos combatendo na Palestina, porque apóiam ocupações israelenses. É esse o nosso problema com os Estados Unidos.

Se os Estados Unidos tivessem uma política externa justa, que nos tratasse, a nós, árabes e muçulmanos, como trata o povo americano, com igualdade, na forma da lei, não haveria problema. Se tivéssemos um sistema judiciário independente, como eles têm, seria excelente.

Mas veja o que acontece na prisão de Guantánamo (*base naval americana que funciona desde o início do século XX em território arrendado ao governo de Cuba*): americanos que estavam na Al-Qaeda foram separados de outros terroristas, como são chamados. Não são mantidos na prisão de Guantánamo. São levados para prisões de luxo nos Estados Unidos e julgados por tribunais americanos, enquanto outros muçulmanos estão em Guantánamo, sem qualquer acusação.

Queremos que eles nos tratem como tratam o povo americano. Queremos que apliquem as resoluções do Conselho de Segurança com justiça na Palestina.

"Se os Estados Unidos tivessem uma política externa justa, que nos tratasse, a nós, árabes e muçulmanos, como trata o povo americano, com igualdade, na forma da lei, não haveria problema."

Por que os Estados Unidos, com falsas razões, decidiram pela intervenção no Iraque? Veja-se o Iraque antes da ocupação americana: era estável, era secular, era seguro. Não se discute que havia uma ditadura lá. Mas veja o que aconteceu depois: os Estados Unidos perderam 400 bilhões de dólares no Iraque, além de 3.000 mil soldados. Se tivessem investido esses 400 bilhões de dólares no Terceiro Mundo – na América Latina, na África ou na Ásia –, na criação de empregos e no combate à aids, o Terceiro Mundo estaria muito, muito melhor. Nosso problema, então, é com a política externa americana; não é com o povo americano.

Quanto a mim, pessoalmente, eles me torturaram para me dar um visto para os Estados Unidos. Tenho um passaporte britânico! Se eu fosse branco e tivesse olhos azuis, não haveria problema. Teria sido bem-tratado. Mas, já que entrevistei Osama Bin Laden, sou árabe e muçulmano, tenho olhos castanhos e uso um bigode à la Saddam Hussein, sou banido dos Estados Unidos.

Que explicação o senhor recebeu ao ser proibido de entrar nos Estados Unidos?

Fiquei surpreso com a maneira como fui tratado. Fui convidado pela New American Foundation, uma instituição respeitável, para falar sobre a Al-Qaeda e o terrorismo. A análise do meu pedido de visto se estendeu por meses. Depois, disseram que eu tinha de fazer um novo pedido. Tiraram minhas impressões digitais – de uma maneira humilhante. Fiz um pedido de novo. Não me derem o visto. Reclamei. Sou um cidadão britânico!

Depois, fui convidado pela Universidade de Georgetown para fazer conferências sobre o Oriente Médio. Dessa vez, me deram um visto, mas a validade era de apenas uma semana. Eu teria de ir e voltar em uma semana, como se eu fosse Osama Bin Laden! Talvez até ele fosse tratado de maneira diferente. Talvez até recebesse um visto aberto. Fiquei surpreso. Não sou terrorista! Qual foi o meu crime? Entrevistar Osama Bin Laden? É inacreditável! Não sou o único a ser discriminado. Há pessoas que não podem embarcar num avião porque são muçulmanos ou árabes.

Todos sabem que Bin Laden odeia os Estados Unidos. Mas o que é que ele disse ao senhor sobre a Europa?
Parece que Osama Bin Laden tem uma queda pela Europa. Perguntei a ele: "Por que todo esse ódio contra os Estados Unidos? Que tal a Europa?".
Bin Laden me respondeu: "Não! Os europeus são diferentes. Respeitam nossas tradições. Quando os europeus invadiram a península Arábica, ficaram no sul. Não se aproximaram da terra santa de Meca e de Medina. Mas os americanos, quando resolveram enviar 500 mil soldados para tirar os iraquianos de Saddam Hussein do Kuwait, foram para lugares santos, Meca e Medina. Nunca respeitaram nossas tradições! Você via soldados americanos, mulheres, vestindo *jeans* ou usando *shorts* que deixavam as pernas de fora e mostravam o púbis. São atitudes que nos insultam!".
Osama Bin Laden mudou de idéia sobre a Europa e atacou Londres e Madri. Por que ele lançou esses ataques? Porque o

primeiro-ministro britânico Tony Blair e o primeiro-ministro espanhol José Maria Asnar ficaram do lado dos Estados Unidos. Tornaram-se os maiores aliados de George Bush quando ele decidiu invadir o Iraque e o Afeganistão. Mas Bin Laden estava mirando os governos europeus – não o povo.

Bin Laden convidou o senhor para entrevistá-lo. Por que não permitiu que o senhor gravasse a entrevista?
Fui convidado por Osama Bin Laden para fazer a entrevista. Bin Laden chegou a ter um embaixador em Londres – que circulava em público. Não era, portanto, considerado um terrorista. Depois, o embaixador foi preso, porque os Estados Unidos queriam que ele fosse deportado, sob a acusação de que enviou telefones-satélite para os acusados de atacar as embaixadas em Nairóbi e Dar es Salaam.

Quando cheguei diante de Bin Laden, fiquei surpreso porque ele não queria que a entrevista fosse gravada! Atuei, então, como um estudante: tomei notas enquanto ele me dava as respostas. Detesto tomar notas assim! Sou editor de um jornal.

Eu nem poderia insistir para que a entrevista fosse gravada ou perguntar por que ele não queria que eu usasse o gravador. Mas, depois, Abu Musab, um dos companheiros de Bin Laden, disse-me que Bin Laden não gravou porque não queria cometer erros na construção das frases. Não queria também cometer eventuais equívocos na citação de passagens do Alcorão. Porque os erros poderiam ser usados contra ele, como prova de que ele não seria qualificado, depois, como *mullah* (*uma espécie de clérigo*).

Pareceu-me que Osama Bin Laden estava planejando tudo desde o início: um dia, ele seria o califa, o líder de todos os islâmicos do mundo. Não queria, então, que alguém tivesse em mãos qualquer prova de que tivesse cometido erros ou de que não conhecia o Alcorão ou a gramática árabe!

O senhor compararia Bin Laden a quem?
É extremamente difícil comparar Bin Laden a qualquer outra figura, porque ele é um caso único. Poderia dizer que Bin Laden, quem sabe, pode ser um Buda, mas um Buda violento! É um príncipe, um proprietário de terras que distribuiu dinheiro e terra para os camponeses – e leva uma vida humilde.

Osama Bin Laden pode ser também um Mahatma Ghandi, mas um Ghandi violento! Um homem que dá o que tem aos pobres – e parte para lutar por uma causa. Pode ser também Abu Dharr al-Ghifari, um personagem islâmico que se dedicava, com humildade, às suas causas.

Pode-se comparar Osama Bin Laden a vários personagens ao mesmo tempo. Mas o que posso dizer é que ele é um personagem único. Não se vêem tantos outros como ele na História recente.

O senhor rezou com Bin Laden?
Rezei. Um grupo me esperava do lado de fora, às 4 da manhã, debaixo de uma temperatura gelada, algo como 25 graus abaixo de zero! Deram-me um pouco de água. Porque a reza da manhã é a única em que você precisa se lavar. Trouxeram-me, então, água numa espécie de bacia. Disseram que era para a

"O que existia, antes, era uma Al-Qaeda. Hoje, há várias mini Al-Qaedas. É como um franchising, uma rede de lanchonetes."

higiene matinal. O que notei é que eles iam se lavar fora da caverna. Precisavam tirar as calças. Mas estava gelado. Perguntei: "Onde é que fica o toalete?". Responderam: "Toalete? Você pensa que aqui é o Hotel Sheraton ou o Hilton? Trate de encontrar uma árvore. Vá se lavar lá".

Como sou tímido, tive de ir para longe da caverna. Não sou como eles. E estava gelado! Tive a impressão de que minhas pernas iam se separar do meu corpo.

Terminei rezando depois de Osama Bin Laden. Graças a Deus, ele me pediu para deixar o grupo que estava rezando, porque minha participação poderia ter sido catastrófica. Eu poderia cometer equívocos ao citar passagens do Alcorão.

A morte de Bin Laden hoje significaria o fim da Al-Qaeda?
Se você me fizesse esta pergunta antes da invasão do Iraque ou antes do 11 de Setembro, eu responderia que a morte de Bin Laden significaria o fim da Al-Qaeda. Porque no Oriente Médio, no mundo islâmico, as organizações giram em torno de um homem. Quando o líder é morto, a organização se desintegra. Mas a Al-Qaeda é diferente. A organização se transformou.

Osama Bin Laden desapareceu nos últimos anos. Mas a Al-Qaeda vem se fortalecendo cada vez mais.

É dez vezes mais do que era antes, em conseqüência das guerras provocadas pela política externa do presidente George Bush. A Al-Qaeda deixou de ser o que era antes: uma organização em forma de pirâmide, em que existia uma cúpula e uma base. Hoje, a Al-Qaeda é uma organização que se espalhou.

O que existia, antes, era uma Al-Qaeda. Hoje, há várias míni

Al-Qaedas. É como um *franchising*, uma rede de lanchonetes como a Kentucky Fried Chicken. Hoje, existe Al-Qaeda no Afeganistão, Al-Qaeda no Paquistão, Al-Qaeda na Arábia Saudita, Al-Qaeda no Iraque, Al-Qaeda na Somália. Amanhã, quem sabe, haverá Al-Qaeda na Europa, Al-Qaeda em Darfur.

As míni Al-Qaedas são totalmente independentes do quartel-general da organização. A Al-Qaeda já não depende da TV Al Jazeera ou do jornal *Al Quds* para divulgar seus comunicados. Hoje, a organização dispõe de uma mídia alternativa: os *sites* na internet! Assim, a Al-Qaeda consegue chegar na frente do governo e dos serviços de informação americanos. A ideologia da Al-Qaeda pode ser vista na internet. Qualquer pessoa pode acessar essa ideologia: hoje, ninguém precisa ir ao pregador ou ao líder, ou esperar por instruções ou por lições sobre a ideologia da Al-Qaeda. É esse o perigo!

Especialistas dizem que o problema não é saber se haverá um novo ataque – mas quando. O senhor apostaria quando acontecerá o próximo ataque?

Um novo ataque é iminente. É uma questão de tempo – e oportunidade. Osama Bin Laden não liberou nenhum vídeo ou fita de áudio nos últimos dois anos. Normalmente, é o que ele faz quando prepara um grande ataque.

Penso que ele não quer falar sem agir. Então, o que é que ele faz? Espera que, primeiro, a ação aconteça. Eu diria que ele vai escolher um alvo europeu ou americano. Por quê? Porque ele adora publicidade. Osama Bin Laden quer manipular a mídia. Qual é a única maneira de manipular a mídia? É atacar grandes cidades, como Londres, Madri, Nova York, Washington. A publicidade é o oxigênio de Bin Laden!

Quando ele ataca, consegue se impor como personagem e ser uma figura dominante na mídia. Se amanhã Bin Laden liberar um vídeo ou uma fita de áudio, não haverá novidade. Mas, se ele divulgar um vídeo ou uma fita depois de um grande ataque, irá para a capa de todas as grandes revistas. Vai estar na tela de todas as tevês, em todo o mundo. É por essa razão que acho que o ataque será inevitável. A grande pergunta é: quando e onde?

"Amo os Estados Unidos. Amo a experiência americana. É um país multicultural, multiétnico, multirreligioso (....) A igualdade, a democracia, os direitos humanos, a Constituição, tudo forma uma bela experiência. Mas, para nós, árabes, muçulmanos, povos do Terceiro Mundo, o problema é a política externa americana – que vem nos destruindo!"

...A organização se transf...
...imos anos. Mas a Al-Qaeda...

...oje, existe Al-Qaeda no Afegan...
Arábia Saudita, Al-Qaeda no Ira...
...sabe, haverá Al-Qaeda na Eur...
...das são totalme...

entrevista gravada em Londres, 18/01/2007

...aeda já não depende da TV A...

Retrato falado de um dos maiores **terroristas** da história: o longo caminho de um estudante rumo ao martírio

THEY DID IT

HAMBURGO, ALEMANHA

O caminho para o maior atentado terrorista da história começa numa pacata ruaria a Marienstraße, numa cidade se não muito turística, mas nem por isso menos bela. Fica no número 54, mais precisamente. É a primeira parada dessa expedição para seguir os terroristas do 11 de Setembro: Hamburgo, na Alemanha. Missão: ouvir testemunhas da passagem de Mohammed Atta

HAMBURGO, ALEMANHA

O caminho para o maior atentado terrorista da História começa aqui, num endereço improvável que não chamaria a atenção de ninguém. A rua se chama Marienstrasse. O número é 54. O apartamento fica no primeiro andar.

É a primeira escala de nossa expedição pelo ninho dos terroristas do 11 de Setembro: Hamburgo, na Alemanha. Missão: ouvir testemunhas da passagem de Mohammed Atta pela Alemanha, para compor um retrato falado do jovem egípcio de aparência frágil, que desembarcou em Hamburgo para estudar arquitetura, mas terminou se convertendo em líder dos terroristas que atravessaram o oceano para cometer, na manhã da terça-feira, 11 de setembro de 2001, o maior ataque terrorista da História. De um só golpe, os terroristas provocaram 2.973 mortes.

Atta parecia apenas um entre tantos imigrantes que batem à porta de Hamburgo, a cidade mais rica da Alemanha, em busca de estudo. Vivia na Alemanha desde 1992. Freqüentava desde 1997 uma mesquita em que a devoção ao Islã foi irremediavelmente contaminada por um radicalismo contra o Ocidente.

Logo o estudante Atta caiu nas graças de um recrutador da Al-Qaeda, a organização comandada por Bin Laden. Em novembro de 1999, ele desembarcaria no Afeganistão, onde foi pessoalmente selecionado por Bin Laden para a missão suicida. Era preciso, primeiro, estar pronto para morrer em nome da Jihad, a guerra contra os "infiéis". Atta estava. Era preciso ter paciência, porque o ataque não poderia ser deflagrado da noite para o dia. Atta tinha.

Era o militante perfeito: falava inglês e alemão com fluência. Conhecia o estilo de vida ocidental. Poderia atuar sem atrair suspeitas. Terminou levando uma vida dupla: o estudante que discutia com o professor de arquitetura a melhor maneira de preservar sítios históricos tramava a destruição de símbolos do mundo moderno.

Ao ser interrogado, Khalid Sheikh Mohammed, o homem que sugeriu à Al-Qaeda a "operação com os aviões", disse que, em apenas 10 minutos, Bin Laden era capaz de avaliar um candidato ao martírio nos campos de treinamento da Al-Qaeda, no Afeganistão. "A maioria dos seqüestradores do 11 de Setembro foi escolhida assim", informa a investigação oficial sobre o atentado.

Atta passou a integrar um grupo de nome pomposo: a "Brigada dos Mártires". Àquela altura, o caminho do estudante de hábitos recatados estava povoado por palavras que soavam grandiosas: martírio, sacrifício, paraíso. Atta estava pronto para cumprir cada uma das estações.

O relatório oficial preparado pela comissão que investigou o 11 de Setembro diz que Atta se destacava na "tomada de decisões". Os amigos o descreviam como "carismático, inteligente e persuasivo, se bem que intolerante com os dissidentes".

Era tudo o que a Al-Qaeda queria.

Uma edição especial da revista alemã *Der Spiegel* constatava, no final de 2006: "O mais espetacular ataque terrorista de todos os tempos foi articulado por um punhado de jovens que, gradualmente, desenvolveram um consumado ódio pelo Ocidente depois de terem se instalado na Alemanha (...) Os conspiradores do 11 de Setembro formavam um culto. Mohammed Atta era o líder".

A revista deixa no ar a pergunta que intriga tantos até hoje: "O que transformou estudantes dedicados em assassinos?".

Um apartamento localizado perto da Universidade Técnica de Hamburgo era o ninho dos terroristas. O exército de investigadores que se debruçou sobre o rastro dos terroristas do 11 de Setembro descobriu que desse apartamento da Marienstrasse saíram os 31 e-mails que os estudantes enviaram a escolas de aviação nos Estados Unidos, em busca de vagas em cursos de formação de pilotos: "Somos um pequeno grupo de jovens de vários países árabes. Há algum tempo, vivemos e estudamos em Hamburgo. Gostaríamos de iniciar nosso treinamento como pilotos profissionais". Atta usava o e-mail el-amir@tu-harburg-de. "Amir" era um dos sobrenomes desse egípcio nascido em 1968: Mohammed El-Amir Awad el Sayed Atta.

Hamburgo parecia o território perfeito para a operação. O passado de intolerância nazista criava constrangimentos para as autoridades: se passassem a perseguir os freqüentadores de mesquitas, poderiam ser acusadas de cometer o pecado do racismo ou da intolerância religiosa. A pregação radical floresceu, intocada. Hamburgo oferecia tudo de que os terroristas precisavam: acolhida e anonimato.

A lista dos alvos tinha sido feita no Afeganistão pelo comando da Al-Qaeda: a Casa Branca, o Capitólio, o Pentágono e o World Trade Center. A investigação sobre os atentados descobriu que havia senhas para designar cada um dos alvos. O World Trade Center era citado como "Faculdade de Planejamento Urbano", uma óbvia referência à escola em que Atta estudava. O Pentágono era a "Faculdade de Belas-Artes". O Capitólio, a "Faculdade de Direito".

O plano original – como informa, na página 154, a investigação oficial sobre o atentado – era "grandioso": dez aviões seriam seqüestrados. Nove seriam lançados sobre alvos, que incluíam o World Trade Center, o Pentágono, as sedes da CIA e do FBI, usinas nucleares e edifícios da Califórnia e do Estado de Washington.

"Atta passou a integrar um grupo de nome pomposo: a "Brigada dos Mártires". Àquela altura, o caminho do estudante de hábitos recatados estava povoado por palavras que soavam grandiosas: martírio, sacrifício, paraíso. Atta estava pronto para cumprir cada uma das estações.

Khalid Sheikh Mohammed, braço direito de Bin Laden, ficaria responsável por pousar o décimo avião num aeroporto americano. "Depois de matar todos os passageiros adultos masculinos a bordo, ele faria, diante da mídia, um discurso atacando o apoio dos Estados Unidos a Israel e a governos repressores no mundo árabe – um espetáculo de destruição que teria Khalid Sheikh Mohammed como o auto-escalado superterrorista", informa o relatório de 604 páginas.

Mohammed – identificado pelas iniciais KSM no relatório final sobre os atentados – foi preso em 2003 no Paquistão. É mantido sob custódia do governo americano na prisão de Guantánamo.

O apartamento da Marienstrasse foi batizado por Atta de a "Casa dos Seguidores". Dali saíram três pilotos suicidas: o próprio Atta, Marwan Al-Shehhi e Ziad Jarrah. Atta, 33 anos, ocupava a poltrona 8D do vôo 11 da American Airlines. Jogou o avião contra a torre norte do World Trade Center depois de dominar o piloto. Al-Shehhi, 23 anos, assumiu o comando do vôo 175 da United Airlines, que foi lançado contra a torre sul. Ziad Jarrah, 26, comandou o seqüestro do vôo 93 da United Airlines. O avião caiu na Pensilvânia quando era desviado para Washington.

Ao todo, dezenove terroristas morreram. O número de vítimas dos ataques beira os 3.000. Depois da catástrofe, os investigadores tentaram reunir sinais do que viria a acontecer. Ziad Jarrah escreveu num diário: "A manhã virá. Os vitoriosos chegarão. Nós prometemos derrotar você. A terra tremerá aos seus pés (...) Oh, o cheiro do paraíso vai se elevando".

Aperto o botão do interfone uma, duas, três vezes. Nada. Mas há alguém no apartamento que um dia foi a Casa dos Seguidores, porque, daqui da calçada, é possível ouvir uma música. Insisto. Nada. Empurro com cuidado o portão de ferro que dá para a rua. Alguém se esqueceu de fechá-lo. Hesito na hora de entrar. Nosso tradutor, um motorista de táxi iraniano para quem tudo é fácil, insiste: *"Let's go! The door is open! No problem! No problem!"*. Cedo à tentação. Cometo o que é quase uma invasão de domicílio: sem ser anunciado, aproveito-me do descuido de algum vizinho que se esqueceu de travar o portão principal do prédio. Não há porteiro. É só subir um lance de escadas.

Lá vamos nós, rumo à Casa dos Seguidores, no primeiro andar. O endereço hoje é maldito. Durante os anos seguintes, o apartamento dos terroristas na Marienstrasse ficou desocupado. Ninguém se aventurou a morar ali.

O locatário que resolvesse escolher o apartamento da Marienstrasse como endereço certamente correria dois riscos. Primeiro: o de ser importunado por investigadores que gostariam de saber a troco de quê ele foi parar ali. Segundo: o de ser abordado por repórteres abelhudos que batem na porta que um dia foi de Mohammed Atta.

É o que faço agora.

O cinegrafista Paulo Pimentel liga a câmera. Aperto a campainha do apartamento. Ouvem-se passos. Um homem sem camisa abre a porta. Seus cabelos estão molhados. Deve estar saindo do banho. Quando nota a câmera, bate a porta com força: "Não tenho tempo!". Somos enxotados do prédio. É hora de bater em retirada.

"Lá vamos nós, rumo à casa dos Seguidores, no primeiro andar. O endereço hoje é maldito. Durante os anos seguintes, o apartamento dos terroristas na Marienstrasse ficou desocupado. Ninguém se aventurou a morar ali.

Cruzamos a cidade, para tentar um contato com a imobiliária que aluga o apartamento. O dono da imobiliária – que trabalha na agência com o filho – dá sinais de desconfiança. Quer ver meu passaporte. Pede meu telefone. Age como se fosse um policial. Proíbe a gravação. Diz que só fala para a polícia. Compreensivelmente, recusa-se a dar qualquer informação sobre o atual morador, porque não quer incomodá-lo.

Termina reclamando de conexões terroristas que marcaram a história recente de duas cidades alemães: o ataque de terroristas palestinos contra a delegação de Israel nas Olimpíadas de Munique e a conspiração que se armou em Hamburgo entre os terroristas do 11 de Setembro.

O dono da imobiliária abre uma exceção ao mutismo para descrever um acontecimento quase anedótico. Disse que Mohammed Atta esteve na agência para tratar do aluguel do apartamento. O filho o chamou, discretamente, para um canto: tinha dúvidas sobre se deveria ou não alugar o apartamento para aquele estudante árabe de ar sisudo. O pai aconselhou: "É melhor alugar. Se você não alugar, amanhã estará em todos os jornais!". Iriam chamá-lo de racista.

O apartamento foi alugado. O dono da agência nos conta, entre sorrisos, que por instantes dissipam a hostilidade que ele devota a repórteres: "O apartamento foi alugado. Mas não adiantou nada: o nome do meu filho até hoje sai nos jornais, porque os terroristas moraram lá. Não houve jeito de escapar da publicidade...".

Próxima escala: a mesquita Al-Quds. É citada como o local em que o caminho de Mohammed Atta cruzou com o do recrutador da Al-Qaeda, Mohammed Haydar Zammar, um sírio que, desde 1971, vivia na Alemanha.

"Ao longo dos anos 90, um novo tipo de radicalismo islâmico foi promulgado em mesquitas como essa. É um Islã baseado tanto numa reverência aos textos do Alcorão quanto num profundo ressentimento em relação ao papel que o islamismo ocupa no mundo contemporâneo", anota Terry McDermott, autor de *Perfect Soldiers*, uma investigação detalhada sobre a gênese do 11 de Setembro.

O prédio onde funciona a Al-Quds, a "mais radical mesquita de Hamburgo", não chama a atenção de ninguém. É feio. As paredes estão sujas. Clamam por uma pintura há tempos. Não há placas nem dizeres na fachada. Fica na Steindamm, uma rua não distante da estação central de Hamburgo.

O tom radical das pregações feitas na mesquita transformou a Al-Quds em centro de peregrinação de jovens que fizeram uma leitura fanática do Islã. Fitas cassete espalhavam pela mesquita cânticos que traziam versos assim: "Quando eu morrer como mártir / morrerei como um ser humano melhor". Um detalhe: não longe dali, poucos quarteirões adiante, funcionam *sex shops*. Prostitutas oferecem-se a pedestres. O cenário chocou um "fundamentalista" como Mohammed Atta.

Quando fazia o trajeto entre a estação de trem e a mesquita, ele preferia usar uma rua paralela, para evitar a visão de mulheres que vendiam o corpo ou as vitrines que sugeriam prazeres carnais. O testamento que Atta redigiu, a 11 de abril de 1996, cinco anos e cinco meses antes do 11 de Setembro, tinha uma instrução clara: ele não queria ser velado por mulheres.

(Trechos do testamento do devoto Atta:

"Quando eu morrer, quero que os que herdarem meus pertences façam o seguinte: quem for preparar o meu corpo deve ser um bom muçulmano. Deve fechar meus olhos e rezar para que eu vá para o paraíso. Deve colocar roupas novas em mim, não as que eu usava na hora da morte. Quem não teve contato comigo quando eu estava vivo não deve me visitar, me beijar ou se despedir de mim. Não quero que mulheres grávidas ou alguém que não seja limpo venham se despedir, porque não aprovo tal gesto. Não quero que mulheres compareçam à minha casa para lamentar minha morte. Não sou responsável por gente que sacrificar animais diante do meu corpo, porque é um ato contra o Islã. Quem for lavar meu corpo perto dos meus órgãos genitais deve usar luvas, para, assim, não tocar nessa parte do meu corpo. Não quero que mulheres visitem meu túmulo durante meu funeral ou em qualquer outra ocasião. Quero que meu corpo esteja apontado para Meca. O costume é lembrar os mortos a cada quarenta dias ou uma vez por ano, mas não quero que seja assim, porque esse não é um costume islâmico. Não quero que ninguém escreva coisas num papel a ser guardado no meu bolso como sinal de superstição. O tempo deve ser usado para rezar a Deus. Um terço do dinheiro que eu deixar deve ser gasto com os pobres e necessitados. Quero que meus livros sejam doados a uma mesquita. Quero que os que deixo para trás ouçam Deus e não sejam iludidos pelo que a vida possa oferecer. Que rezem a Deus e sejam bons crentes. Quem se descuidar deste testamento será responsabilizado, no final"

Nenhum dos desejos de Atta sobre os rituais fúnebres foi atendido. Assim como o de todos os outros passageiros, tripulantes e

O tom radical das pregações feitas na mesquita transformou a Al-Quds em centro de peregrinação de jovens que fizeram uma leitura fanática do Islã. Um detalhe: não longe dali, poucos quarteirões adiante, funcionam sex shops e prostitutas oferecem-se a pedestres. O cenário chocou um "fundamentalista" como Mohammed Atta.

seqüestradores, o corpo do estudante que se tornou terrorista se desintegrou no choque do Boeing contra a Torre Norte do World Trade Center, às 8 horas, 46 minutos e 40 segundos da terça-feira, 11 de setembro de 2001. Um bombeiro que participou do resgate disse que o maior objeto recolhido nos escombros foi um teclado retorcido de computador.)

Se já era vista como ninho de radicais antes do 11 de Setembro, a mesquita Al-Quds passou a atrair a curiosidade dos serviços de segurança alemães e americanos. Resultado: fechou-se como uma concha.

Um vão de escada mal-iluminado leva ao primeiro andar. Um cartaz pregado na parede avisa que aos domingos há aula sobre o Islã. O único sinal de atividade na mesquita, no momento em que chegamos, é o som das vozes dos cerca de cinqüenta fiéis, que, no salão principal, entoam orações. O espaço é suficiente para acomodar umas quatrocentas almas.

A porta, entreaberta, deixa que visitantes intrusos enxerguem uma bela imagem: os fiéis prostrados em sinal de reverência a Alá. De costas para a porta, eles não notam que o cinegrafista Paulo Pimentel, com uma câmera discreta, tenta registrar imagens.

Terminadas as orações, os fiéis se dispersam. Dirigem-se a um armário, na saída, em que deixaram sapatos e bolsas. Um rapaz que parece ter uns 18 anos nos aponta o líder da mesquita: um homem de turbante, barbudo, todo vestido de branco. Dirijo-me a ele. Pergunto se fala inglês. Ríspido, ele responde com um monossílabo: "Não!".

Nosso tradutor explica a ele, em alemão, que somos uma equipe da TV brasileira. Somos imediatamente convidados a sair da mesquita: "Vocês dizem que vão fazer boas reportagens. Mas o que fazem são reportagens falando mal do Islã. Vão embora! Não queremos vocês aqui!".

A irritação do líder da mesquita aumenta quando ele nota que o cinegrafista, disfarçadamente, tenta registrar imagens com a câmera voltada para o chão. "Desligue! Desligue", repete, enquanto aponta para a porta de saída. Quando nota que os intrusos estão descendo a escada, bate a porta, num último gesto de hostilidade.

Fico pensando no duplo absurdo da situação. Em última instância, é um dano colateral do 11 de Setembro. Primeiro: entramos numa mesquita como se um lugar de orações fosse um cenário clandestino. Segundo: fomos enxotados de lá como se repórteres fossem, automaticamente, inimigos do Islã.

Próxima escala de nossa peregrinação: a Universidade Técnica de Hamburgo, o endereço acadêmico de Mohammed Atta. Um prédio de madeira, com portas brancas, abriga uma espécie de diretório acadêmico. Os estudantes usam as salas para promover reuniões e discussões. A sala número 10 era usada pelos estudantes islâmicos da Universidade Técnica como local de orações.

O lugar foi batizado de "Grupo de Estudos do Islã". Depois do 11 de Setembro, uma inspeção no material estocado no Grupo de Estudos mostrou, por exemplo, fitas cassete em que o pregador declara: "Todo muçulmano livre deve se juntar à Jihad. O uso de armas é a única conseqüência lógica. Um banho de sangue é a única garantia de paz".

A sala número 10 foi fechada. Mas, não longe dali, na sala 201 de um prédio próximo, trabalha o homem que ganhou o dúbio título de mestre de Mohammed Atta. Não é força de expressão. É um fato acadêmico: o professor Dittmar Machule, professor de planejamento urbano, ficou íntimo de Mohammed Atta desde que foi escalado para a função de orientador da tese daquele estudante egípcio que demonstrava especial interesse na conservação de cidades antigas do mundo árabe. Duas vezes por semana, os dois se sentavam frente a frente na mesa que fica no canto do escritório de Machule para discutir o andamento da tese.

Um dos primeiros gestos que o professor faz ao nos receber na sala é apontar para a cadeira onde Atta se sentava. Avesso à imprensa sensacionalista, pai de um casal de arquitetos, o professor não consegue escapar da curiosidade despertada pelo estudante que se tornou terrorista.

Depois da entrevista, faz pelo menos uma confidência. Diz que ficou intrigado quando, uma vez, telefonou para o apartamento em que Atta vivia, no número 54 da Marienstrasse. Do outro lado, atendeu uma voz "zangada". O homem que o atendeu cortou a conversa com poucas palavras. Não, Mohammed Atta não estava. Quando se encontrou com Atta na escola, o professor perguntou quem tinha atendido o telefone com tanta ansiedade. Atta desconversou. Pouco tempo depois, num ato que, em situações normais, pareceria apenas um gesto de cortesia de um professor para com um estudante depois de meses e meses de convivência, Machule perguntou se não poderia visitar o apartamento de Atta. De novo, o aluno desconversou.

Depois dos atentados, confessa Machule: "Imaginei se ali já não haveria alguma coisa".

É claro que havia: o apartamento em que o aplicado estudante Mohammed Atta vivia era usado, na surdina, como célula terrorista. Não seria prudente receber visitas de professores.

Machule diz que as discussões entre ele e Atta sobre a tese ocorreram sem grandes sobressaltos. Em um dos trabalhos, Atta escreveu que "tradição não é necessariamente algo antigo, nem é sinônimo de estagnação. Além de tudo, uma tradição não precisa ter evoluído historicamente: pode ter se iniciado recentemente".

Mas houve um ponto de discordância: quando discutiam sobre como deveria ser um *shopping center* numa cidade árabe, Atta defendeu a existência de pequenas lojas que funcionariam como tendas. Machule discordou: instalar tendas dentro de um *shopping* era uma impropriedade. A esquisitice arquitetônica realçava a obsessão de Atta pela preservação de valores do mundo árabe.

Faço um pedido ao professor: posso ver um exemplar da tese escrita por Mohammed Atta? O professor abre a gaveta do birô. Tira de lá o "troféu". Chequei, palavra por palavra, os dizeres que Atta acrescentou na página de abertura da tese: lá, ele diz que entrega a vida e a morte a Alá, senhor dos mundos. A referência à morte ganhou, claro, um significado extra depois do 11 de Setembro. Dittmar Machule leva, ele mesmo, o exemplar da tese até a máquina de xerox. Tira uma cópia da capa, com a frase acrescentada por Atta. Depois, diz que evita fazer cópias, porque, nestes tempos em que se vende de tudo na internet, poderia aparecer alguém querendo ganhar dinheiro com relíquias do terrorista.

Quando chega a hora de gravar a entrevista, Machule faz um pedido: fala inglês fluentemente, mas prefere se expressar em alemão, por temor de usar uma palavra inapropriada ao tratar de um assunto tão delicado quanto o terrorismo.

A passagem dos estudantes-terroristas por Hamburgo deixou um rastro de desconfiança. Machule escolhe quando dar entrevistas. Chrilla Wendt, a tradutora que ajudou Mohammed Atta a revisar a tese frase por frase, convive com fantasmas. Primeiro, concordara em dar entrevista. Em seguida, a conselho da filha, desistiu, porque seria uma "loucura" falar publicamente sobre Mohammed Atta. Uma troca aflita de telefonemas às 11 da noite de um domingo, entre ela e a produtora Paula Tebyriçá Ramos, fez a tradutora voltar atrás. Mas, desconfiada, ela desistiu de gravar entrevista em casa. Preferiu ir até o hotel em que estávamos hospedados.

Um colega de faculdade de Atta, o alemão Volker Haut, arquiteto que fala com voz pausada e ar pensativo, como se estivesse eternamente recitando um texto decorado, tornou-se personagem obrigatório em todos os livros e reportagens sobre a "Célula de Hamburgo". Motivo: chegou a viajar com Atta para a Síria e o Egito para fazer pesquisas de campo sobre arquitetura antiga. Pode dizer, sem exagero, que privou da intimidade daquele que viria a se tornar um superterrorista.

Os três – o professor, a tradutora, o arquiteto – são unânimes em demonstrar, até hoje, espanto, incredulidade e perplexidade diante da extraordinária mutação sofrida pelo estudante, discípulo e amigo Mohammed Atta.

Quando viram a foto já clássica de Atta na primeira página dos jornais, em todos os noticiários de televisão e nas capas de revistas, tiveram uma reação parecida: "Não é possível!".

Mas era.

O enredo parecia improvável. Mas a História é feita de improbabilidades. Um insuspeito estudante egípcio forma-se na cidade mais rica e mais liberal da Alemanha, freqüenta uma mesquita transformada em fábrica de radicais, cai nas graças de um recrutador da Al-Qaeda, viaja clandestinamente para o Afeganistão, conquista a confiança irrestrita do chefe da Al-Qaeda, volta para Hamburgo e parte para os Estados Unidos para cometer o que seus olhos fanáticos enxergavam como um acerto de contas.

Eis o depoimento completo dos três personagens que conviveram com Mohammed Atta, um retrato falado do personagem central de uma das mais inacreditáveis histórias da crônica do terrorismo internacional.

"Fico pensando no duplo absurdo da situação. Em última instância, é um dano colateral do 11 de Setembro. Primeiro: entramos numa mesquita como se um lugar de orações fosse um cenário clandestino. Segundo: fomos enxotados de lá como se repórteres fossem, automaticamente, inimigos do Islã.

Dittmar Machule

PRIMEIRA TESTEMUNHA: DITTMAR MACHULE, O PROFESSOR

Em algum momento Mohamed Atta deu ao senhor algum sinal de fanatismo?

Mohammed Atta não nos dava indicação alguma de fanatismo. Mas há um detalhe que, se analisado hoje, poderia ser encarado como uma indicação de que deveríamos ter ficado atentos: a dedicatória que Mohammed Atta escreveu na capa da tese que defendeu aqui na universidade.

É claro que, na época, a gente encarou de uma maneira totalmente diferente a dedicatória, tirada de uma passagem do Alcorão (*neste momento, o professor exibe o exemplar da tese*): "Minha oração, meu sacrifício, minha vida e minha morte pertencem a Alá, o senhor dos mundos".

Quando Mohammed estava sentado aqui, diante de mim, perguntei: "Mohammed, diga-me, o que é que significam estes dizeres? É a primeira vez que vejo você fazer algo assim". Atta me respondeu: "Trabalhei duro. Estou feliz por ter finalmente terminado a tese e por meu Deus ter me ajudado a conseguir. Por isso, agradeço".

Naquele momento, vi a dedicatória como algo relativamente normal. Minha mãe, por exemplo, guarda, no quarto, trechos da Bíblia. Por que fazer suposições a partir daí?

Eu e Atta folheamos a tese – e fomos em frente.

Visto hoje, com distanciamento, o provérbio usado como dedicatória na tese explica muita coisa. Mas não havia, ali, nenhum sinal de terrorismo. Porque, quando estava aqui na universidade, Mohammed não era um terrorista. Pelo contrário: era um pedaço de esperança de aproximar culturas diferentes.

A partir dessa convivência, poderia haver uma colaboração entre o *know-how* ocidental, a nossa compreensão da vida no Oriente, e o ambiente de Mohammed.

Como Atta era muito religioso, eu tinha esperança de que ele explicasse aos muçulmanos ortodoxos o que acontece no Ocidente. Tinha esperança de que, neste mundo globalizado de hoje, Mohammed Atta pudesse colaborar, nos países de formação islâmica, para que não houvesse conflitos; para que, enfim, aprendêssemos e, sobretudo, fôssemos tolerantes uns com os outros. Afinal, Mohammed era muito inteligente.

Mas ele se matou. E outros também. Isso não podíamos prever.

Como professor, qual foi a lição mais importante que o senhor aprendeu da convivência com aquele que viria a ser o co-autor do pior ataque terrorista da História?

É uma pergunta importante. Tive a compreensão de que seres humanos podem realizar atos inimagináveis. Aprendi esta lição: a gente não consegue perceber que as pessoas um dia vão fazer algo assim.

Ter tal compreensão foi, provavelmente, a lição mais importante. Depois, passada a decepção, fico me perguntando, também, como é que tal mudança pode ter acontecido com um jovem estudante muçulmano inteligente, gentil, cheio de esperança, que se formou aqui conosco.

Como não se entende como tudo pode ter acontecido, tudo se transforma, lentamente, na noção de que os homens podem, sim, ser piores do que animais. São capazes de tramar coisas que parecem virtuais ou fruto de ficção científica. Depois, transformam-nas em realidade com extrema violência, sem qualquer sentimento para com as vítimas. É o que aprendi a partir daí. Mas esse sentimento não significa que se deva perder a esperança nos homens.

Minha porta estará sempre aberta aqui, na universidade: vou continuar, portanto, a me comportar como até agora. Não vou permitir que a eventual desconfiança – que eu deveria sentir a partir do que aconteceu – passe a guiar minha atividade. Não vou olhar para cada um com um olhar rigoroso.

Ao contrário: temos de fazer muito mais para que essas perturbações parem de acontecer. Mas aprendi que homens são levados a fazer coisas que vão contra todos os sentimentos. Os árabes, os islâmicos, tal como os conheço, são pessoas muito, muito sensíveis: dão muito valor a não ferir os outros e à observação de determinadas regras.

Nós temos essa noção, mas devemos olhar para a História e ver o que acontece hoje à nossa volta: as pessoas explodem nos ares e levam para a morte centenas de seres humanos, homens, mulheres e crianças. É algo que sempre acontece.

São fatos recorrentes essas demonstrações dos dois lados do ser humano: o lado escuro e o lado claro. O fato de ter vivido de forma tão brutal algo que era inconcebível é uma experiência sobre a qual todos deveríamos refletir longamente. Pode-se ver, aí, quão frágil é nossa sociedade. Feitas as contas, pode-se ver, também, quão frágeis são as coisas que ensinamos e usamos como cimento da sociedade em que vivemos!

O que se vê é que existirá um louco capaz de virar a cabeça das pessoas e usar os jovens como instrumentos. Tenho certeza de que Mohammed Atta não veio ao mundo desse jeito. O que foi que aconteceu? Viraram a cabeça de Atta! Por que foi assim? Haverá muito o que dizer sobre essa mudança.

Que impressão o senhor teve sobre Mohammed Atta quando ele entrou nesta sala pela primeira vez?

Eu me lembro de que, quando vi Mohammed pela primeira vez, ele estava na sala de aula, sentado logo na primeira fila. Pela fisionomia e pela aparência, vi que ele não era alemão: devia ser oriental. Notei que ele era muito interessado, porque olhava com os olhos bem abertos e ouvia tudo com atenção. Minha primeira impressão foi de que ele estava interessado em participar. Era um aluno vivaz, aberto a aprender e a ouvir.

Guardo a lembrança da última vez em que ele esteve aqui, na minha sala, diante da porta. Tenho a imagem diante dos meus olhos.

Que reação o senhor teve quando soube que um de seus alunos estava diretamente envolvido nos atentados de 11 de setembro?
Desse momento eu me lembro muito bem: já era tarde da noite. Eu estava em casa, diante da TV, com uma garrafa de cerveja, para me descontrair um pouco. De repente, aparece a famosa imagem: o retrato de Mohammed Amir na tela da televisão. Eu o reconheci imediatamente! Mas não tive certeza absoluta, porque o rosto de Mohammed parecia adulterado. Ou seja: quando estava aqui, ele não tinha aquela aparência da foto do passaporte.

Eu não tinha certeza de que era ele, mas estava assustado. Além de tudo, fiquei totalmente descrente de que aquilo tudo estivesse acontecendo e de que fosse ele. Quando vi o retrato de Mohammed pela primeira vez, pensei: "Pelo amor de Deus! É mesmo? Ou não? Tenha cuidado, até que você esteja totalmente certo!". Pois, se acontecesse um equívoco de fotos, um inocente poderia ser acusado. Ficamos todos muito sensibilizados aqui na universidade.

Ficamos o dia inteiro diante da TV. Uma cena realmente terrível: uma moça americana – que tinha estudado com ele – se desmanchou em lágrimas quando viu pela primeira vez a imagem de Mohammed Atta no vídeo.

Depois, não apenas a imagem, mas o nome de Mohammed começou a aparecer. A essa altura, uma funcionária do governo se aproximou de mim, em silêncio, longe dos repórteres, para me mostrar um papel enviado pelos americanos, com os nomes dos supostos terroristas que teriam estado numa cédula em Hamburgo. Lá estava escrito "Mohammed Amir". Pela primeira vez, pensei: "Diabos!".

Nesse momento, fiquei assustado, como se estivesse num transe, porque são coisas que ninguém conseguiria imaginar. Ainda assim, sempre fui muito, muito cético, porque conhecia Mohammed Atta de um jeito completamente diferente. Nunca na vida o imaginei capaz de fazer aquilo.

Uma vez, eu disse a um repórter que, antes do atentado, botaria minha mão no fogo por ele. Mas ele me disse: "Tome cuidado...." .É verdade: temos de tomar cuidado.

Posso contar o seguinte: recebi aqui nesta mesa muitos repórteres. Com certeza, alguns eram da CIA ou tinham contatos com ela. Perguntei a um desses repórteres: "Por favor, tente descobrir, para mim, como é que esse homem, esse Mohammed Atta, foi inscrito numa escola de aviação nos Estados Unidos, porque, como se sabe, foram os americanos que o ensinaram a voar". O repórter me descreveu a figura do homem que tinha sido identificado como Mohammed Atta. Disse-me como ele tinha sido visto pelas testemunhas nos Estados Unidos: uma figura meio delicada, o modo como se comportava, como caminhava. Então, eu disse para mim mesmo: "Sim! Agora vejo que foi mesmo Mohammed El-Amir que se tornou esse terrorista Mohammed Atta".

O senhor se sentiu pessoalmente traído por ele?
Pergunta difícil. É difícil respondê-la. Não tenho o sentimento de ter sido ferido pessoalmente, porque, para mim, o Mohammed que conheci era outro homem, outra pessoa. Nunca tinha me enganado. Mas, em algum momento da convivência, ele some. Em seguida, torna-se uma nova figura e adquire outra estatura.

O terrível, em tudo o que aconteceu e em tudo o que ele fez, são as vítimas. Nem gosto de pensar. É algo medonho! Mas, em meu interior profundo, reconheço que esse ato não combina com Mohamed El-Amir, o estudante que conheci, admirei e estimei. Combina, sim, com o Mohammed El-Amir transformado, que se precipitou sobre as torres. Não posso, portanto, responder a essa pergunta. Não posso.

Tenho de ser franco: em meu interior mais profundo, meu sentimento não foi ferido ou enganado. O que tenho é uma profunda decepção.

Posso imaginar o que acontece: hoje, vemos homens-bombas, todos jovens, no Iraque, em Israel. Vemos suas fotos antigas: o que terá acontecido? Quanto a mim, trata-se de uma questão totalmente diferente de sentir-se pessoalmente "traído". Temos de entender o caso de um modo bem diferente.

Eu seria falso se dissesse agora que "me sinto ferido". Não é o caso. Isso não significa – pelo amor de Deus! – que de algum modo eu justifique o que ocorreu. O que aconteceu foi uma experiência profunda e comovente que se repete na teoria, mas que testemunhamos, pessoalmente, pela primeira vez: do que é capaz o ser humano? O que ele pode se tornar quando passa por uma lavagem cerebral? É o que pode ter acontecido.

Há outras coisas em jogo no caso de Mohammed Atta, porque não é todo homem que pode ter a cabeça virada assim, automaticamente. É preciso haver predisposição. Uma mudança assim tem a ver com questões pessoais, com sexualidade, com energia, com juventude, com "que fazer?", com decepção.

"Um processo complexo deve ter-se desenrolado em Mohammed Atta. Porque o que ele tinha era uma extrema inteligência, aliada à religiosidade, à juventude, às experiências que viveu no Egito e à vontade de colaborar para melhorar o mundo."

TERRORISMO: Mohammed Atta   75

Uma revista alemã fez a seguinte pergunta: "O que é que transforma estudantes dedicados em assassinos?" Que resposta o senhor daria a essa pergunta?
Um processo complexo deve ter se desenrolado em Mohammed Atta. Porque o que ele tinha era uma extrema inteligência, aliada à religiosidade, à juventude, às experiências que viveu no Egito e à vontade de colaborar para melhorar o mundo.

Veio aqui para Hamburgo, uma cidade muito rica, onde certamente experimentou contrastes e antagonismos. A religiosidade de Mohammed Atta era aceita por mim, aqui, mas possivelmente ele tinha de escondê-la dos outros.

O certo é que ele procurava um caminho. O jovem quer ter uma orientação, apegar-se a algo, usar um bastão que, depois, joga fora. Quer mudar o mundo, seguir todos esses impulsos – que existem. Mohammed Atta, então, foi para uma mesquita, onde provavelmente caiu na armadilha de mulás e pregadores que pareciam mostrar caminhos e dar explicações lógicas sobre as contradições e sobre como solucioná-las.

Assim, suponho, ele entrou em contato com os homens de Osama Bin Laden. Terminou capturado pelas idéias que eles defendiam. É minha avaliação pessoal: em algum momento depois da formatura, já que terminou a tese com extrema energia (ele queria abandoná-la, mas nós o pressionamos um pouco: "Termine, Mohammed, porque aí você terá um certificado!"), ele ganhou uma convicção interior: "Tenho uma tarefa, vou realizar algo extraordinário. Depois, o mundo vai ficar melhor".

Não acho que ele tenha pensado apenas em si. Penso que ele estava dramaticamente preso num mundo despregado da realidade. Mohammed continuou a viver nesse meio, nessa cápsula, mas conseguiu se disfarçar e se esconder magistralmente. Planejou, então, o atentado – e o levou a cabo com extremo sangue-frio.

Uma coisa em que ainda hoje não consigo acreditar sobre Mohammed, tal como o conheci, são as histórias de que os terroristas bebiam álcool nos bares, nos Estados Unidos, durante o curso de formação de pilotos. Não consigo imaginar porque o conheci como muçulmano religioso. Também não consigo imaginar que, em Las Vegas, eles tenham levado mulheres para o quarto. Isso só pode ser visto com uma última revolta diante do auto-sacrifício e do atentado que tinham em mente.

É uma grande mistura. Uma pergunta que me faço, em retrospecto, é se eu devia ter discutido mais com ele. Mas me lembro de que, durante a preparação da tese, fiz várias tentativas de entrar em discussões profundas. Mas ele bloqueava. Uma vez, perguntei a ele: "Mohammed, por que você ficou tanto tempo fora?". A certa altura, ele interrompeu a pesquisa por um longo tempo. É provável que, nesse período, ele tenha estado num campo de treinamento no Afeganistão – ou sabe-se lá onde diabos ele estava.

Quando lhe perguntei por que ficou tanto tempo fora, Mohammed me explicou, com muita simplicidade, que tinha tido problemas com a família: disse-me que, no mundo islâmico, quando as irmãs e filhas ficam sozinhas, o filho tem de voltar para ajudar a resolver os problemas. Isso ficou, para mim, muito luminoso e claro. Acreditei. Não insisti.

Se, no entanto, nossa conversa tivesse continuado, iria aparecer um indício de que ele – de alguma maneira – estava envolvido numa viagem política para melhorar o mundo. Deve-se levar em conta que, naquela época, não sabíamos o que sabemos hoje. Mas, se tivesse aparecido algum indício, eu, como professor, teria começado a debater com ele.

Faço-me a pergunta – ingênua, tenho de reconhecer: teria sido possível mudar alguma coisa? Estou certo de que não teria sido possível mudar absolutamente nada. Pois eles estavam em um mundo fechado, onde não teria sido possível entrar. Não tive qualquer indício direto. Não percebi quaisquer conexões. O que digo agora é uma explicação posterior, com base em fatos que passamos a conhecer. É a explicação que tenho hoje.

O senhor se lembra de Mohammed Atta ter feito algum comentário anti-americano?

Não. Só ouvi observações críticas, que não apenas eu, mas todos fariam, ao analisar a política e os acontecimentos mundiais. Somos críticos. Pelo que ouvi de estudantes, parece que, em debates, ele se expressou de modo muito crítico sobre americanos. Mas não comigo.

Conferi essa questão com cuidado na tese. Devo dizer: o argumento, ali, é exatamente o contrário. Ao preparar a tese, Mohammed pesou tudo com distanciamento. Quase se poderia dizer que ele descreveu com tolerância as diferentes políticas e os desenvolvimentos econômicos na Síria – onde existem vários problemas – e nos Estados Unidos.

Não existe na tese, portanto, uma atitude anti-americana. Não me lembro de nada nessa linha em nossas conversas. Eu teria percebido, porque o observei: ficava admirado com a crença de Mohammed e com o fato de ele – que rezava regularmente – ter mantido seus hábitos aqui. Colaborei para que instalassem uma sala de oração para os estudantes.

Eu já estava bastante sensibilizado para esta questão: ver se – de algum modo – crenças profundas e posições políticas se encaixam. Era sensível a esse tema.

O fato de não existirem indícios de que Mohammed trouxesse consigo um anti-americanismo não exclui um fato claro: em discussões e explicações do mundo, o grupo de que ele participava tinha a visão de que o americano é o mal absoluto. Não quero de modo algum excluir este detalhe!

Por todas essas razões, para mim, Mohammed Atta é Mohammed Atta, mas o estudante que conheci é Mohammed Amir. Sempre faço a distinção. Porque também procuro descobrir onde fica o lado Mohamed Atta por trás do Mohammed El-Amir que conheci aqui.

Qual a última imagem que o senhor guarda do Mohamed Atta?

Eu me lembro muito bem. Porque me fiz esta pergunta: "Quando é que você o viu pela última vez?". Mohammed defendeu a tese em 1999. Em seguida, sumiu. Tempos depois, apareceu de novo aqui, nessa porta (*Machule aponta para a entrada da sala que ocupa na Universidade Técnica*). Eu estava aqui, ocupado, sentado a essa mesa, numa conversa com estudantes.

Mohammed apareceu no corredor. Ficou parado à porta. Como sempre, parecia cortês e reservado. Eu disse: "Olá, Mohammed! Como é que vai, rapaz? O que é que você anda fazendo?". Voltei aos meus afazeres, porque estava ocupado: "Um momento, já estou indo!" Eu ainda quis dizer: "Vamos tomar um café assim que eu terminar aqui". Pensei : "Mohammed vai esperar um pouco, vai ficar ali". Mas ele sumiu!

Tenho essa cena diante dos olhos: quando me procurou, nessa última vez, depois de ter defendido a tese, Mohammed estava com o mesmo aspecto de antes. Depois, tive a sensação de que aquela aparição talvez tenha sido um modo de dizer "até logo".

É possível evitar o chamado choque de civilizações entre o mundo árabe e a civilização ocidental?

Não podemos deixar que os acontecimentos de 11 de setembro nos levem a avançar uns para cima dos outros. Temos de nos aproximar e aprender uns com os outros, porque essa é nossa obrigação. Quando, aqui na universidade, em Hamburgo, soubemos do que tinha acontecido, nossa reação foi: se agora nos distanciarmos uns dos outros, eles terão alcançado o objetivo que perseguiam!

Temos que combater os incitadores dos povos – que conhecemos do passado e do presente – e esses malditos dogmas. Se continuarmos a agir cega e preconceituosamente, tudo será muito problemático. Mas podemos fazer coisas positivas, porque não somos animais, que dependem de instintos inatos. Somos seres humanos. Temos uma tarefa a cumprir.

Chrilla Wendt

SEGUNDA TESTEMUNHA : CHRILLA WENDT, A TRADUTORA

A senhora e um professor da Universidade de Hamburgo foram as duas últimas pessoas que tiveram contato com Mohammed Atta antes dos atentados. O que é que a senhora sente quando pensa sobre este fato hoje?

Não tenho a certeza de ter sido a última pessoa a vê-lo. Um ano depois das provas, encontrei Mohammed na rua. Pareceu-me que ele estava visitando de novo a Alemanha, já que tinha terminado os exames cerca de dois anos antes. Perguntei a ele: "O que é que você anda fazendo? Trabalhando? Onde?". Mohamed me disse: "Acabo de voltar do Egito. Estive no Cairo. Talvez eu consiga um trabalho aqui. Não sei".

Minha conversa com ele, dessa vez, foi curta, na rua. "Boa sorte!", eu lhe disse. Naquele momento, eu não sabia que ele iria morrer ou tinha outros planos. Parecia-me que ele estava procurando um trabalho no Egito ou na Alemanha. Tudo parecia aberto para ele naquele momento.

Em algum momento, a senhora notou o ódio que ele devotava à civilização ocidental?

Nunca tive essa impressão. Depois do atentado, resolvei ler de novo o texto completo da tese. Pensei: "Talvez exista alguma coisa que eu não tenha notado na primeira leitura".

O que aconteceu é que, antes, nas primeiras leituras, estávamos sempre corrigindo o alemão e olhando os mapas. Tive o cuidado de reler tudo: não vi ódio contra o Ocidente. O que havia ali era amor pela cultura de onde ele, Mohammed, vinha. O que ele queria, na tese, era manter a cultura árabe em cidades árabes.

A idéia de Mohammed era: como podemos construir cidades em que as pessoas vivam perto umas das outras? Cidades que sigam o estilo árabe de vida: privacidade até do lado de fora dos quartos, na rua.

As casas árabes têm um pátio interno, em que ninguém consegue ver o que acontece. As mulheres podem andar e trabalhar nessa área. É complicado dispor de um espaço assim quando se mora – por exemplo – em um edifício onde o único lugar fora dos cômodos é a varanda.

Mohammed tinha idéia de como criar sombras, com cortinas, para esses espaços externos. Mas não havia ódio. O que ele tinha era orgulho da cultura árabe, algo que eu, na época, entendia, porque também acho que todos os lugares não devem ser iguais.

Como a senhora o descreveria fisicamente?

Era um estudante bom e tímido – que queria estudar e conseguir boas notas. Tinham me dito que ele era um crente devoto do islamismo e um seguidor de Maomé. Sempre achei que estava tudo certo. Admiro gente que não apenas segue, mas professa uma crença forte. Penso que essa é uma boa atitude. Atta era bem-educado. Falava bem o alemão. Mas não era sociável. Minha primeira impressão foi esta.

Não era muito alto. Esguio. Dedicado ao que fazia. Não era extrovertido. Parecia tímido. Conversávamos sobre a tese que ele estava preparando: que idéias ele queria desenvolver, se elas estavam claras, o que é que ele estava escrevendo. Não havia conversa pessoal entre nós, a não ser já no fim, quando ele vinha todas as semanas, depois das orações do meio-dia. Caminhávamos juntos durante uma hora.

Um dia, bem no fim nos trabalhos, ele disse: "Só vim para dizer que não quero mais conversar com você". Eu disse: "Já que estamos trabalhando juntos há tanto tempo, vamos continuar até o fim, para concluir o trabalho".

Depois do atentado, pensei: "Se eu tivesse perguntado a ele, naquela época, por que é que ele já não queria conversar...". Mas eu estava querendo terminar a tese. Disse a ele: "Vamos lá! Vamos até o fim. Vai ficar tudo bem".

Nunca me perguntei por que ele me disse que não queria continuar.

Que tipo de comentário ele fazia com a senhora sobre religião e política?

Não discutíamos política ou religião. Discutíamos o que ele tinha escrito: suas idéias sobre o que seria um planejamento urbano islâmico. Ou seja: como as cidades islâmicas deveriam ser, como o tráfego deveria ser mantido fora das áreas privadas, temas assim. Porque Mohammed via que, nas cidades maiores dos países árabes, o estilo ocidental ia substituir o estilo árabe, algo que ele queria manter. Não discutíamos política, mas sei que planejamento urbano é política. Passei bastante tempo trabalhando em países islâmicos.

A senhora foi interrogada pelo serviço secreto americano depois dos atentados?
O serviço secreto alemão é que veio até a universidade. Procuraram todos os que tinham tido contato com eles. Interrogaram-me durante duas horas: perguntaram-me o que eu sabia sobre Mohammed, o que é que eu fazia com ele. Perguntaram sobre a participação de nosso professor no trabalho, porque tínhamos um trabalho na Síria.

Que referências ele fez ao Alcorão na tese ?
Quando trabalhamos na correção do alemão, a tese ainda não tinha aquela epígrafe com a sura do Alcorão. Mas, depois, quando ele entregou três exemplares à universidade, vimos aquelas linhas que diziam que ele entregava a vida e a morte a Alá. Pensei: "É a idéia de Mohammed. É o que ele acha. É uma idéia muito extremada sobre a vida".

Notamos esse detalhe, mas ele não nos alarmou, porque sabíamos que, para uma pessoa muito religiosa como ele, mencionar o Alcorão era algo possível. Há alunos que escrevem, naquele espaço, versos de poemas, ou mencionam

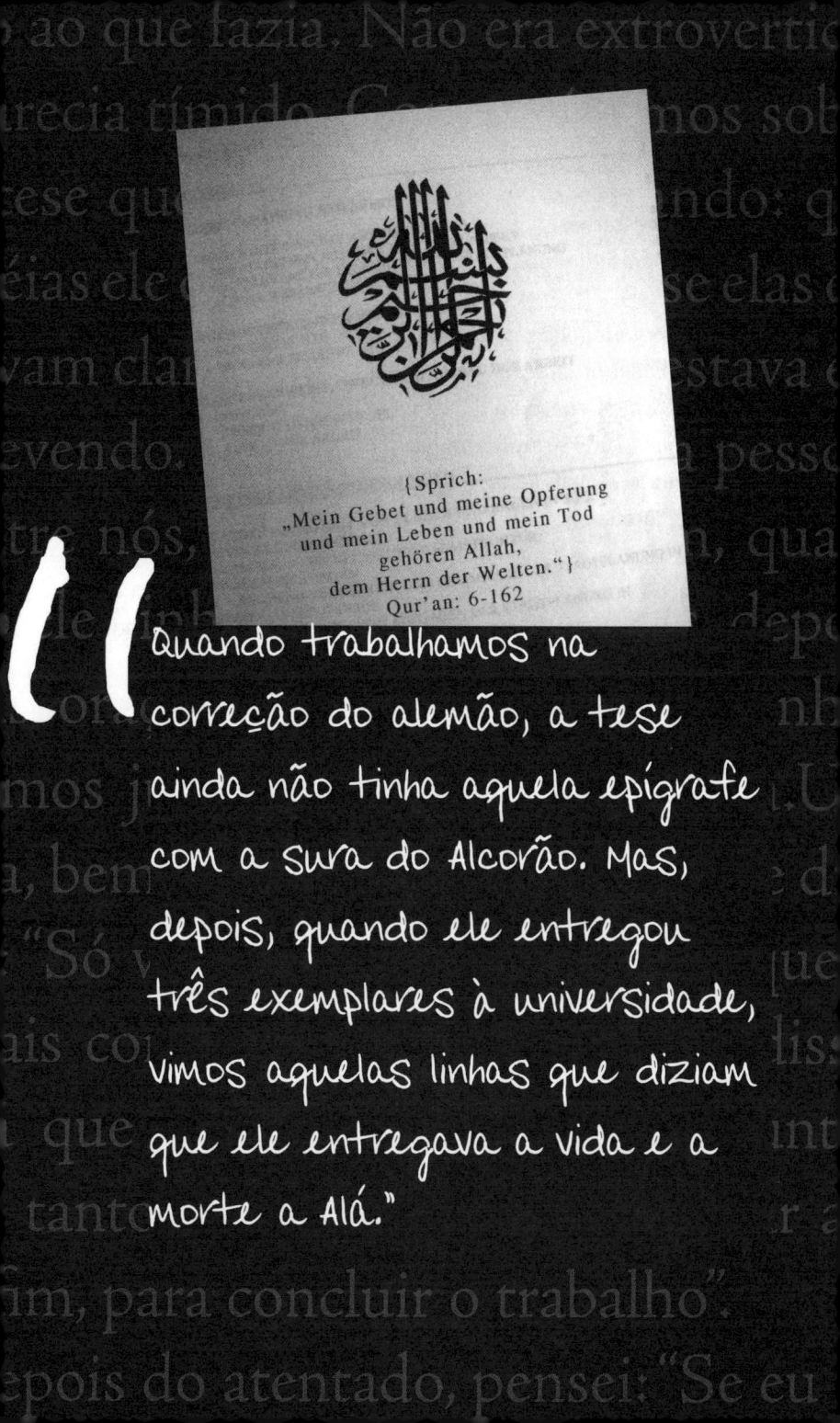

{Sprich:
„Mein Gebet und meine Opferung
und mein Leben und mein Tod
gehören Allah,
dem Herrn der Welten."}
Qur'an: 6-162

"Quando trabalhamos na correção do alemão, a tese ainda não tinha aquela epígrafe com a sura do Alcorão. Mas, depois, quando ele entregou três exemplares à universidade, vimos aquelas linhas que diziam que ele entregava a vida e a morte a Alá."

outros autores, ou um arquiteto. A citação do Alcorão era uma coisa de Mohammed.

Durante todo esse tempo de convivência com ele, a senhora notou em Atta alguma reação inesperada?

Quando chegou o dia da prova final oral, uma colega minha anotava tudo o que Mohammed respondia ao professor. Depois, quando Mohammed saiu, nós, professores, ficamos discutindo a nota que seria atribuída a ele no exame oral. Por fim, quando decidimos que a nota seria muito boa, Mohammed entrou de novo na sala. O professor o parabenizou. Quando nossa colega foi fazer o mesmo, ele disse "muito obrigado", mas não quis trocar um aperto de mão com ela.

Atta agiu assim porque, no islamismo, não é costume ter contato físico com quem não seja membro da família: nem mesmo apertar a mão. Como eu já sabia, não tentei apertar a mão de Mohammed, mas minha colega ficou surpresa, a ponto de me perguntar se aquela atitude era normal. Eu disse a ela que sim: crentes fervorosos da religião islâmica não apertavam a mão.

Como é que a senhora reagiu quando soube que Mohammed Atta tinha participado do pior ataque terrorista da história?

Quando o ataque aconteceu, eu não estava na Alemanha: tinha viajado de férias para o exterior. Voltei no fim de semana seguinte, quando fui convidada para jantar por amigos que tinham guardado todos os jornais, porque queriam me mostrar o que tinha acontecido durante minhas férias. Vi, no alto da pilha de jornais, uma foto do Mohammed! Eu não sabia de nada sobre a conexão entre o 11 de Setembro e a Universidade de Hamburgo. Só sabia que alguma coisa tinha acontecido em Nova York. Perguntei: "Por que é que Mohammed foi parar nesse jornal?". A foto era bem grande. Meus amigos me perguntaram: "Mas você o conhece?". "Claro", respondi, "porque ele estudou aqui. Eu trabalhei com ele. O que foi que aconteceu?"

Disseram-me, então, que a polícia americana achava que Mohammed estava envolvido em tudo aquilo. Ainda não estava totalmente claro, mas o FBI, acho, já tinha estado na universidade, logo depois, com o reitor, para checar a lista de estudantes. Mas até aquela noite eu não sabia de nada sobre a conexão.

Não pude acreditar. Eu logo disse que não podia acreditar que Mohammed tivesse feito uma coisa como aquela. Porque o Mohammed de que eu me lembrava era uma pessoa tímida, amistosa, boa, um estudante dedicado aos estudos. Eu não conseguiria imaginá-lo fazendo tal coisa.

Uma revista alemã perguntou: o que foi que tornou estudantes assassinos? Como a senhora responderia a essa pergunta?

Tive uma grande surpresa ao ver que tais coisas podiam acontecer. Vi que se pode transformar uma pessoa que parece ser boa e amistosa em um assassino, mas não tenho idéia de onde possa ter vindo esse ódio ao Ocidente.

Quando a senhora pensa em Mohammed Atta hoje, qual é a primeira palavra que lhe vem à cabeça?

Penso como é que uma pessoa pode ser transformada. Ainda não consigo entender.

A senhora se sentiu de alguma forma traída quando ouviu a notícia sobre a participação de Mohammed Atta nos atentados?
Não me sinto traída, porque de nenhum modo estive realmente engajada nas idéias de Mohammed. Eu tinha um trabalho a fazer. Fiz. Mas não estava emocionalmente engajada.

Que comentários Mohammed Atta fazia sobre o choque de civilizações?
Mohammed tinha orgulho da cultura árabe. Queria, no planejamento urbano, proteger a cultura árabe da influência ocidental. Eu achava que ele voltaria para um país árabe para se tornar um urbanista. Tentaria manter a cultura árabe livre da cultura ocidental. Era uma luta que eu achava que ele não conseguiria vencer.

A partir da convivência com ele, a senhora descreveria Mohammed Atta como um estudante exemplar?
Era muito engajado em seus estudos. Tentava sempre fazer boas provas para tirar boas notas. Já tinha aprendido um pouco de alemão antes, na escola, mas é muito difícil viver em um país estrangeiro se você não se mostra realmente disposto a estudar. Mohammed não estava em Hamburgo para se divertir.

Mohammed conversou com as autoridades da universidade – que reservaram uma sala onde estudantes islâmicos podiam se encontrar para rezar durante o dia. Houve discussões nessa sala, mas, na época, não achei que fosse fanatismo, mas apenas a prática da vida religiosa.

Em algum momento a senhora notou em Mohammed Atta sinais de fanatismo religioso?

Sinais de fanatismo, não, mas ele tentava levar uma vida religiosa normal. Como durante o dia ele ficava na nossa universidade, perguntou se a escola cederia uma sala onde os estudantes pudessem se encontrar para rezar durante o dia. Pensei: "Ora, temos salas para os estudante católicos, temos lugar de encontro para os estudantes protestantes. Por que não para os estudantes islâmicos?".

Volker Haut

TERCEIRA TESTEMUNHA: VOLKER HAUT, COLEGA DE TURMA E AMIGO

Que resposta você dá à pergunta feita por uma revista alemã: o que é que transforma estudantes em assassinos?

É provável que haja várias razões para essa guinada, vivida por gente inteligente, que trabalha pela liberdade e pela paz. O que estou dizendo pode soar como contradição, mas Mohammed não apenas sonhava com a paz, mas tinha também a intenção de trabalhar pelo país de onde vinha. Devo dizer, no entanto, que ele tinha uma visão diferente da visão de políticos ou economistas.

Mohammed me contava que, no Egito, era visível a existência de diferentes classes: os muito bem educados, formados e socializados na tradição religiosa; os que trabalham na economia e ganham bastante dinheiro, gente bem mais identificada com o modo de vida ocidental; e, por fim, uma terceira classe – não me refiro aqui aos "de baixo" –, formada por gente comum. Para ele, a vida dessa gente pobre, simples e comum era valorosa.

Também me falou do problema da discriminação da prática religiosa. A Irmandade Muçulmana, por exemplo, é tida, no mundo ocidental, como um grupo terrorista. Mas Mohammed me disse que membros dessa irmandade eram pessoas muito inteligentes: engenheiros, advogados, arquitetos. Não era gente perdida ou vira-latas da sociedade. Pelo contrário: era gente que teria feito sucesso na sociedade ocidental, porque tinha boa formação. Mas muitos desses "irmãos muçulmanos" seguiam tradições religiosas, o que era encarado, por integrantes do governo, como um sinal de oposição contra a política e a economia egípcias.

A discriminação talvez explique a guinada ocorrida em gente que, no fim das contas, tinha boa formação, era inteligente e estava disposta a conseguir o melhor para o povo.

Houve ataques a locais turísticos no Egito, anos antes dos atentados de 11 de setembro. O presidente egípcio conseguiu enfeixar todos os opositores sob o rótulo de terroristas. Numa reunião sobre terrorismo mundial, o presidente conseguiu levantar todo o mundo ocidental contra seus opositores no Egito.

Que comentários Mohammed Atta fez a você sobre o choque de civilizações entre o mundo islâmico e a civilização ocidental?

Falamos sobre o que é viver em sociedade, sobre gente rica e gente pobre. Quem estuda urbanismo tem de pensar na sociedade como um todo: os ricos e os pobres. Temos de focar a atenção também nos pobres, em oposição, por exemplo, a economistas que não têm em vista as pessoas pobres.

É possível notar, nos países em desenvolvimento, no assim chamado Terceiro Mundo, a grande diferença de padrão de vida entre ricos e pobres: é impossível deixar de constatar esse fato quando se vai ao Egito, como fomos.

Quando se trata de planejamento, é preciso também pensar em política. Porque existe uma ligação entre as duas coisas. Não se pode separá-las. Nós falamos sobre a visão que a classe política tem das pessoas pobres. Mohammed me disse que a classe política no Egito não estava interessada nos problemas cotidianos dos pobres.

Era assim que Mohammed via os problemas cotidianos do Egito: quem observa os políticos egípcios vê que o Egito não é um estado democrático, ao contrário da imagem com que o país gosta de ser visto de fora. O Egito é muito mais uma oligarquia, uma espécie de Estado de uma família, nepotista, como ocorre numa monarquia: o pai passa a riqueza para o filho, a família, o irmão, a irmã. Todos da família ganham um emprego: o filho é ministro, o pai é presidente. Os interesses e as necessidades dos pobres não são um problema para eles. Era a situação no Egito quando eu e Mohammed viajamos pelo país.

Quando se menciona o nome de Mohammed Atta, qual a primeira palavra que lhe vem à mente?

Depois do atentado, tive certeza de que ele fazia parte daquele grupo terrorista ou planejou tudo aquilo. A Igreja Protestante promove uma ação internacional chamada "Um Pão para o Mundo", para coletar dinheiro para projetos de desenvolvimento. Anos antes de 2001, encontrei um pequeno marcador de livros dessa campanha, que tinha um trecho da Bíblia: "O fruto da justiça será a paz".

O primeiro pensamento que me veio à mente foi este, porque não se encontra a paz no Oriente Médio, em lugares como a Palestina, a Síria, o Egito. Não existe paz social ou econômica nesses países. Não existe paz política. Os pobres devem receber uma parte da riqueza. Enquanto algo assim não for feito, não haverá paz.

Como é que você descreveria Mohammed Atta fisicamente?
Quando fomos à Síria, em nossa primeira viagem, formávamos uma dupla engraçada. Sou alto e magro. Mohammed não era tão alto quanto eu. Era um pouco mais gordo. Meu cabelo era mais claro. Os dois usávamos barba, só que a minha era ruiva. A de Mohammed era preta.

Era muito educado e consciente. Tinha um domínio excelente da língua alemã. Falava melhor do que muitos alemães. Idem com o árabe. Eu não entendia, mas via que ele falava muito bem. Só não era muito bom no inglês. Quando encontrávamos gente que não conhecíamos, ele se comportava diplomaticamente, com gentileza.

Mohammed cresceu num país em que é difícil a primeira tentativa levar ao alvo. Aprendeu, portanto, a encontrar caminhos que o levassem ao alvo desejado. Um exemplo: quando as pessoas com quem nos encontrávamos não nos davam as informações que queríamos, ele dava um jeito de obter a informação de outra maneira.

Tínhamos contatos freqüentes com escritórios, com a burocracia na Síria e no Egito. Nem sempre era fácil obter informações, material, mapas. Éramos arquitetos, éramos planejadores ocupados numa pesquisa. Mohammed sempre encontrava um jeito de conseguir – de uma maneira gentil – aquilo que queria. Para mim, era impressionante, porque cresci num ambiente cheio de facilidades, aqui, no Primeiro Mundo. Se você quer alguma coisa, você consegue. Se você tem dinheiro suficiente, os caminhos burocráticos são fáceis e diretos, mas, no Egito, os caminhos da burocracia são como uma serpente. Você tem de agir como uma serpente para conseguir o que quer. Mohammed agia com perfeição nesse ambiente. Mohammed não era frágil.

Durante o período em que trabalhou e viajou com você, Mohammed Atta cometeu algum gesto surpreendente?

Durante a nossa primeira viagem à Síria, fiquei surpreso com os modos de Mohammed, bem diferentes de meus modos europeus. Notei que ele queria sempre ficar junto comigo. Acontece que eu não estava habituado a ficar junto de uma pessoa o tempo todo. O resultado é que entramos em conflito. Eu queria – por exemplo – caminhar sozinho, mas Mohammed não conseguia entender por que eu, aquele jovem alemão, queria ficar sozinho: "Se viajamos juntos, então temos de ficar juntos". Isso foi muito estranho para mim.

Em nossa segunda viagem, quando chegamos ao Egito, fi-

"Não vou dar entrevistas nem prestar depoimento ao serviço secreto americano. Nunca vou dar minhas impressões digitais aos americanos!"

quei surpreso por ele não ter me convidado a ir à casa dos seus pais. Tínhamos um contato muito estreito na Alemanha. Com freqüência, convidávamos um ao outro. Comíamos juntos. Mas, no Egito, tudo mudou.

Há uma possível explicação para aquele comportamento diferente: a família faz parte do mundo privado, enquanto na universidade existe outro tipo de privacidade, o que lhe permitia, por exemplo, receber nos alojamentos estudantis convidados que não fossem muçulmanos.

Você chegou a ser interrogado pelo serviço secreto americano?
"Não. Não vou dar entrevistas nem prestar depoimento ao serviço secreto americano. Nunca vou dar minhas impressões digitais aos americanos! Pertenço à "velha Europa", como disse o sr. Donald Rumsfeld (*ex-secretário de defesa do governo George Bush*). Tenho orgulho de fazer parte da velha Europa.

Você notou em Mohammed Atta sinais de ódio contra a civilização ocidental?
O problema no Oriente Médio é que existe não um choque de civilizações, mas um choque de orientações. Porque há um conflito entre a tradição e a economia, o que resulta em duas visões bastante diferentes do mundo. Além de tudo, existem religiões diferentes, a judaica e a muçulmana, sem falar nos que não seguem nenhuma religião. Ou talvez tenham uma religião nova, a do dinheiro.

Eu já tinha viajado para a Palestina e para Israel duas vezes. Aos olhos do Egito, Israel ainda é um inimigo. Pode haver um acordo de paz, mas, no sentimento dos egípcios, Israel, além de um inimigo, é um irmão mais novo dos Estados Unidos. Não é fácil, portanto, diferenciar a política israelense da americana, porque, entre os dois, há uma mistura de interesses políticos.

O que ocorre, então? A mistura de interesses, aliada ao fato de Israel ainda ser visto como um inimigo do Egito, cria automaticamente, num país como o Egito, a visão de que os Estados Unidos também são um inimigo do mundo árabe. É algo compreensível também para um europeu, porque os Estados Unidos não têm qualquer interesse em entender a posição dos árabes. Para os Estados Unidos, todo árabe é um terrorista. O presidente do Egito é suficientemente inteligente para usar essa visão do mundo árabe.

Que assuntos interessavam a Mohammed Atta?

Quando estávamos viajando pela Síria e pelo Egito, perguntei a ele a respeito do Alcorão. Quando eu quis saber se o Alcorão era cantado, ele me disse: "Não, não é cantado! Aquilo não é música: é recitação!". Passamos a falar sobre música. Nesse momento, ele me disse que, para os muçulmanos, não é adequado ouvir música, o que me pareceu muito estranho. Afinal, gosto de praticar e de ouvir música. Aquilo me passou a impressão de um mundo bem diferente, em que uma orientação religiosa proíbe a música.

Nós dois estávamos ali diante de uma situação econômica bem diferente. O Egito, afinal, é um dos países mais pobres do mundo. Lá, as pessoas não têm a oportunidade de ter *hobbies* caros, ao contrário do que acontece no Primeiro Mundo. O

"Mohammed tinha o sonho de trabalhar para uma organização internacional, porque, assim, conseguiria uma proteção pessoal."

principal interesse de Mohammed, na época, era realizar boas obras, trabalhar seriamente. Por essa razão, estudava intensamente, para adquirir conhecimento.

Tinha um objetivo: trabalhar para a sociedade egípcia. Quando falo "sociedade", estou me referindo a ricos e a pobres. Atingir esse objetivo era, para Mohammed, uma motivação forte. Mas ele corria o risco de não atingi-lo, porque, com suas crenças e práticas religiosas – por exemplo: cinco orações por dia, nada de álcool, nada de música –, ele pertencia a uma espécie de oposição. Ao ser visto como de oposição num estado opressor, você já não tem a possibilidade de trabalhar e praticar o que aprendeu.

Mohammed tinha o sonho de trabalhar para uma organização internacional, porque, assim, conseguiria uma proteção pessoal. Em muitos países – como, por exemplo, na Rússia, na Chechênia, na Síria e até no Egito –, você precisa de uma proteção internacional. Mohammed estava, então, bastante interessado em trabalhar em uma dessas organizações.

Que mudanças físicas você notou em Mohammed Atta durante o período em que vocês conviveram?

Quando vi Mohammed pela primeira vez, eu é que usava barba. Não era por qualquer motivo religioso. Hoje, já não uso. Depois de um ou dois anos, Mohammed é que passou a usar barba. Talvez tenha sido um sinal. Sob sistemas opressores no mundo árabe, pode-se mostrar orientação religiosa usando barba.

Sou membro da igreja protestante. Não sou de fazer orações cinco vezes por dia, mas tenho um interesse particular por outras religiões. Interesso-me pela política do Oriente Médio há anos, antes até de conhecer Mohammed. Um colega nosso era bem mais agressivo nas discussões com Mohammed, mas eu era tímido nessa abordagem, porque queria ouvir suas opiniões e crenças.

Um colega meu e Mohammed discutiram uma vez sobre a Indonésia. Mohammed expressou a opinião de que os cristãos estavam querendo cristianizar a Indonésia. Mas achei que aquela visão não era correta. Não queria agir como um missionário. Sou cristão; Mohammed era muçulmano.

Que reação você teve quando recebeu a notícia de que Mohammed Atta estava envolvido no pior ataque terrorista da História?

Não pude acreditar. Vi a foto de Mohammed na televisão, na casa dos meus pais. Mas o nome não batia. Chamavam-no de Mohammed Atta, mas eu o conhecia como Mohammed El-Amir. O desencontro de nomes foi um dos motivos por que, de início, não pude acreditar naquilo. Também não pude acreditar porque pensei que o conhecesse melhor. Mas, como de 1998 a 2001 não vi Mohammed, imaginei que esse período pode tê-lo mudado como ser humano. Um outro Mohammed pode ter nascido.

Os três – o professor, a tradutora, o arquiteto – são unânimes em demonstrar, até hoje, espanto, incredulidade e perplexidade diante da extraordinária mutação sofrida pelo estudante, discípulo e amigo Mohammed Atta.
Quando viram a foto já clássica de Atta na primeira página dos jornais, em todos os noticiários de televisão e nas capas de revistas, tiveram uma reação parecida:
"Não é possível!".

Chrilla Wendt: entrevista gravada em Hamburgo, 05/02/2007
Dittimar Machule: entrevista gravada em Hamburgo, 06/02/2007
Volker Haut : entrevista gravada em Hamburgo, 05/02/2007

A balada do "**homem-bomba ambulante**": um militante palestino lança um sinal de alerta

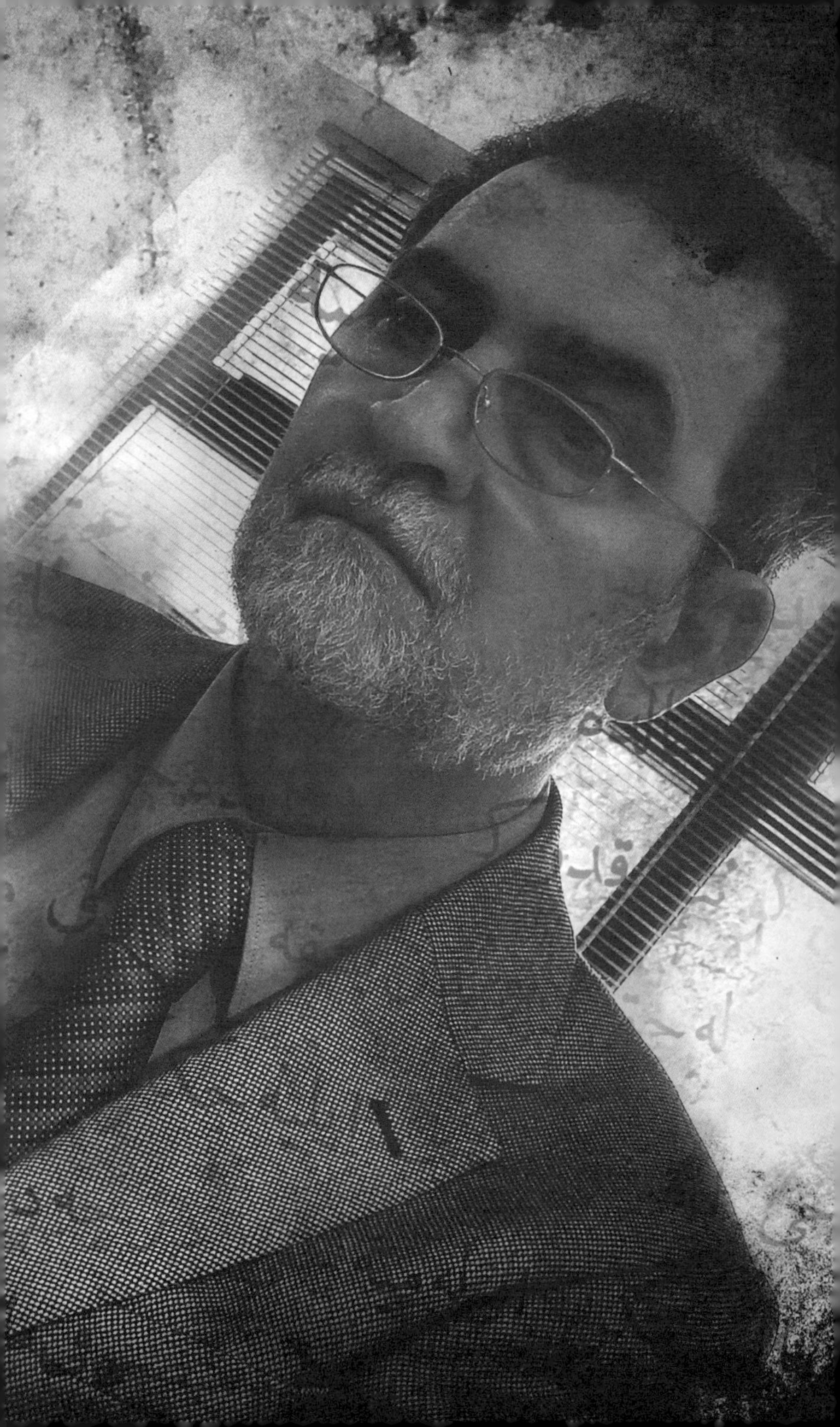

LONDRES, INGLATERRA

Vou direto ao assunto: "O senhor se tornaria um homem-bomba para chamar a atenção para a causa palestina?" "Não seria necessário chamar a atenção para a nossa questão de continuarmos a ver que tem o problema. O que temos a ver é que os palestinos foram deixados sem defesa, vulneráveis, oprimidos. Enquanto os israelenses recebem dos americanos e de seus aliados europeus não apenas jatos F-16, helicópteros e

LONDRES, INGLATERRA
Vou direto ao assunto: "O senhor se tornaria um homem-bomba para chamar a atenção para a causa palestina?".
"Não se trata de chamar a atenção. Não é uma questão de convencer os outros a ver que temos um problema. O que tenho é a crença de que os palestinos foram deixados sem defesa, vulneráveis, oprimidos. Enquanto os israelenses receberem dos americanos e de seus aliados europeus não apenas jatos F-16, helicópteros e

a melhor tecnologia, mas também poder político no Conselho de Segurança da ONU e poder da mídia, os palestinos poderão ser facilmente mortos e massacrados. Não há como protegê-los.

As operações de martírio na Palestina começaram em abril de 1994. Dois meses antes, um imigrante judeu americano entrou numa mesquita na minha cidade natal, Hebron, para massacrar palestinos que estavam fazendo suas orações matinais. Não tinham armas. Não significavam ameaça a Israel. Estavam apenas rezando. E ele os matou. Porque acreditava que, como Deus tinha lhe dado aquela terra, ele tinha de matar todos os que viviam lá, mas não eram judeus.

Numa entrevista à BBC, fui desafiado: 'Se você apóia os direitos dos palestinos de fazer operações de martírio, por que você mesmo não se sacrifica?'. Minha resposta: se eu estivesse na mesma situação, se eu fosse deixado de lado, se fosse humilhado, desumanizado, cuspido, chutado e estapeado, se minha dignidade humana me fosse retirada, eu poderia, sim, explodir diante dos olhos do mundo!"

O palestino que a imprensa inglesa chama de "homem-bomba ambulante" responde à minha pergunta com o tom de voz de um pregador. Não soa incendiário. Quando, no entanto, empunha um microfone em manifestações públicas, Azzam Tamimi, diretor do Instituto do Pensamento Político Islâmico (IIPT), é capaz de agitar platéias com palavras de ordem explosivas. Circulam na internet vídeos em que Tamimi comanda o coro de militantes palestinos gritando imprecações contra o que, para ele, parece ser a encarnação do Eixo do Mal: os governos dos Estados Unidos-Inglaterra–Israel.

Repórteres, como se sabe, são animais bípedes que passam a vida correndo atrás de um *lead*. Aos leigos no assunto: *lead* é a informação ou declaração que, por ser importante, inédita ou contundente, merece ocupar o primeiro parágrafo da entrevista ou da reportagem. Meu detector de *leads* dispara um sinal (inaudível) quando Tamimi declara diante de mim, convicto, que poderia "explodir".

Insisto :

Que definição o senhor dá à palavra "martírio"?

Martírio é um conceito que existe em toda cultura, toda religião. Acontece que, no Islã, martírio significa sacrificar-se por uma causa nobre. Qual é a causa nobre? É uma questão aberta a debate saber se uma determinada causa é nobre ou não; se é legítima ou ilegítima; se é legal ou ilegal. Quando se concorda em que uma certa causa é nobre e vale a pena fazer o sacrifício, o Islã encoraja muçulmanos a sacrificar o próprio corpo e a própria alma. Porque, se não defendermos a verdade com nossa vida, a força predominará.

Vou dar um exemplo: a melhor forma de martírio no Islã é morrer pelo direito de falar a verdade. Não se trata de jogar bombas ou de matar os outros, sejam inocentes ou não, mas doar-se pela causa da verdade. Há um dito famoso do profeta Maomé: "O melhor dos mártires é o que é morto por ter dito ao tirano: 'Você é um tirano; deve parar de oprimir o povo'."

O cenário da entrevista é a sede do Instituto de Pensamento Político Islâmico, num prédio feio na Kensal Road, no norte de Londres. As instalações do instituto se resumem a uma sala, transformada numa espécie de trincheira para esse palestino radicado há três décadas na Inglaterra. Pai de três filhos, 52 anos, ele dá cursos em universidades estrangeiras – como aconteceu em Quioto e em Nagóia, no Japão, participa de debates, conferências, manifestações e escreve livros sobre um grande tema: a eterna turbulência do Oriente Médio.

Desembarco no Instituto do Pensamento Político Islâmico, em companhia do cinegrafista Sérgio Gilz, para ouvir uma voz declaradamente engajada. O que terá a dizer o homem que se declarou disposto a se imolar?

Azzam Tamimi não esconde de que lado fica. Mas, ao contrário do que faz supor a imagem pública de um "homem-bomba ambulante", ele faz força para não parecer intransigente. Quando responde a perguntas sobre a "causa palestina", prefere enumerar, pacientemente, argumentos históricos para justificar suas posições.

Volta à Segunda Guerra Mundial. Aos olhos de Tamimi, os palestinos terminaram pagando por um crime que foi cometido pelos alemães: o Holocausto. A criação do Estado de Israel – imediatamente depois da guerra, sob o impacto do extermínio em massa de judeus pelos nazistas – deu origem a disputas territoriais entre palestinos e israelenses que atravessariam décadas. Tamimi não se conforma com o fato de o lugar onde nasceu, Hebron, ter passado para o controle de Israel depois da Guerra dos Seis Dias, em 1967.

"Desembarco no Instituto do Pensamento Político Islâmico, em companhia do cinegrafista Sérgio Gilz, para ouvir uma voz declaradamente engajada. O que terá a dizer o homem que se declarou disposto a se imolar?

O "homem-bomba ambulante" faz uma constatação assustadora. Depois de percorrer Jordânia, Marrocos, Líbia, Egito, Síria, Emirados Árabes, Qatar, Barein e Turquia, ele diz que existe hoje, nas comunidades islâmicas, a percepção generalizada de que os Estados Unidos e a Inglaterra estão confundindo a guerra contra o terrorismo com a guerra contra o Islã. A percepção pode ser – e é – equivocada, mas existe. É aí que mora "o grande perigo".

O militante palestino quer dar este alerta: a guerra contra o terror pode produzir outros terroristas. Mas o que ele diz vem sempre com a ressalva de que aquelas são palavras de um radical. Comunidades dedicadas a debater o Oriente Médio – nos Estados Unidos e na Inglaterra – chegaram a pedir que Tamimi jamais obtenha permissão de pisar em solo americano. "Nem eu nem você queremos estar a bordo de um vôo Londres-Nova York ao lado de Azzam Tamimi", diz um dos textos divulgados no território livre da internet.

Uma declaração de Tamimi à rede de TV britânica BBC foi suficiente para transformá-lo em sinônimo de radicalismo. Provocado, ele deu uma declaração que faria a alegria de qualquer redator de manchetes. Tamimi caiu na "armadilha" de um jornalista que procurava um *lead*. O apresentador do programa *Hard Talk* (BBC), Tim Sebastian, tanto insistiu que conseguiu arrancar de Tamimi uma declaração inequívoca de simpatia pelos homens-bomba:

BBC: O senhor advoga o suicídio por bomba. Disse num chat na internet, em 2003: "Para nós, muçulmanos, o martírio

não é o fim de tudo, mas o início das coisas mais maravilhosas". Se é tão maravilhoso explodir-se num lugar público em Israel, por que o senhor não faz o mesmo?
Tamimi: Martírio não é necessariamente suicídio por bomba....

BBC: Não, por favor, responda à minha pergunta. É uma questão séria...
Tamimi: Estou tentando responder, porque é um conceito. Se não for explicado, como posso responder? Porque martirizar-se significa sacrificar-se por uma causa nobre. Agora, essas bombas humanas...

BBC: O senhor está preparado ou não?
Tamimi: Estou preparado, é claro.

O duelo verbal entre o palestino e o apresentador do *talk show* da BBC se estenderia, entre avanços e recuos, pelos minutos seguintes.

Mas o estrago estava feito.

Tamimi vai passar os próximos anos explicando a declaração de princípios que pronunciou no estúdio da BBC. Não há meias palavras: ele reconheceu a legitimidade das chamadas "Operações de Martírio" como instrumento de luta política dos palestinos. A palavra "martírio" soa, na verdade, como um eufemismo para designar o que, na prática, é o suicídio de um homem-bomba em local público. Desde então, o rótulo de radical acompanha Tamimi como uma sombra.

Quando o procurei para a entrevista, ele sabia que, inevitavelmente, o martírio estaria na lista de perguntas. Mas ele não foge do assunto. Nossa entrevista só é interrompida quando um computador, previamente programado, emite o som de uma recitação do Alcorão. É hora de rezar.

Mas ele transfere a prece a Alá para depois do nosso encontro.

Eis a balada do "homem-bomba ambulante":

O senhor considera a possibilidade de se tornar um homem-bomba?

Felizmente, já não é necessário, porque, na Palestina, hoje, já se percorreu um longo caminho desde que as operações de martírio foram adotadas como tática. Hoje, há outras táticas – e esperança de um futuro melhor. O Hamas (*Movimento de Resistência Islâmica, partido político e movimento guerrilheiro criado em 1987*) fez uma oferta ao mundo: quer negociar para dizer aos israelenses que todos podem viver em paz se Israel aceitar uma trégua de longo prazo entre os dois lados.

Mas, como uma questão de princípios, é uma grande coisa se sacrificar em nome da terra onde se nasceu. Se o país onde você nasceu fosse ocupado e invadido, você não o defenderia – com o corpo e a alma? Não encorajaria seus filhos a lutar pelo país? O amor pela terra natal é um instinto humano! Faz parte de nós. É o respeito à nossa religião.

A única diferença é que os que são religiosos acreditam que quem se sacrifica vai ser recompensado por Deus. Mas outros – que não acreditam em Deus ou na recompensa divina – ainda assim praticam o martírio. Porque é um instinto humano não aceitar ser escravizado pelos poderosos.

O senhor – que é freqüentemente citado pela imprensa inglesa como um radical – aceita este rótulo ou ele o incomoda?
Rotular é uma recurso para desviar a atenção da verdadeira questão. Quando você chama alguém de radical ou extremista, ou terrorista, ou fundamentalista, você quer dizer algo como "Não gosto dessa pessoa, não o quero, ele deve ser morto, deve ser eliminado".
Mas do que é que se trata? Por que sou um radical? O que foi que eu disse que desagradou aos outros? Por que tentaram me proibir de falar em universidades britânicas, como aconteceu com membros da União Britânica dos Estudantes Judeus? Por quê? Minhas palavras são bombas? Minhas palavras são balas? Ou minhas palavras são verdadeiras? Numa democracia, uns devem permitir que outros se expressem. Democracia é troca, é diálogo, é debate, é desafiar os outros com palavras, não com balas. Chamam-me de radical porque os desafio com palavras

O senhor diria que hoje existe uma guerra entre o Islã e o Ocidente?
Há uma guerra. O problema é saber: é uma guerra entre quem? Dizer que é uma guerra entre o Ocidente e o Islã não descreve a situação. Porque há gente no Ocidente que se opõe a esta guerra, assim como há gente no Islã que colabora com ela. É uma guerra de interesses: há os que, no Ocidente, fabricam armas, são ambiciosos, egoístas e querem manter um nível de

1.25

"Se o Ocidente der a impressão de que quer combater o Islã, não poderá jamais vencer esta guerra. Porque estará combatendo 1 bilhão e 250 milhões de pessoas!"

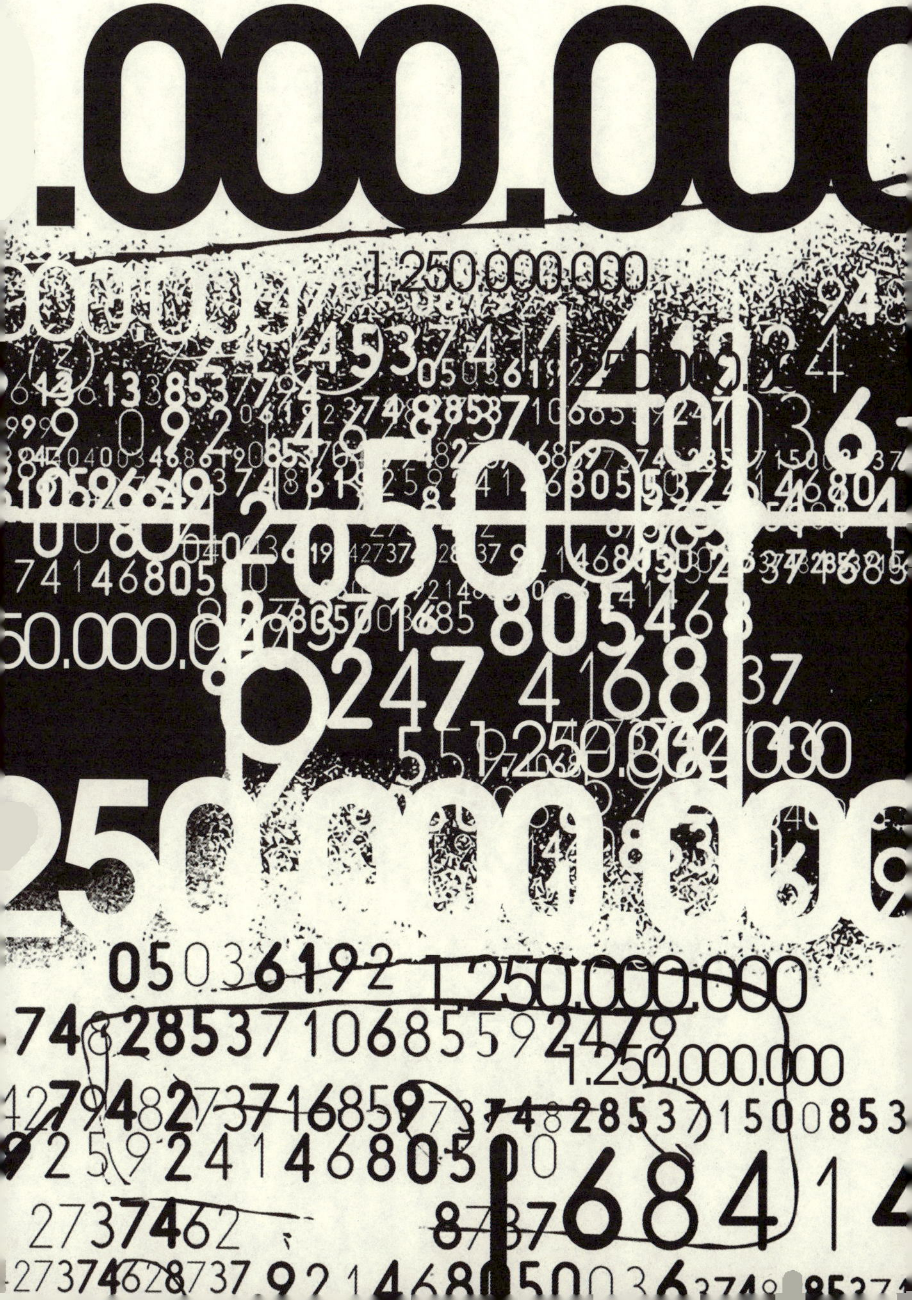
1.250.000.000
1.250.000.000
1.250.000.000

"O Alcorão diz claramente: combata, pela causa de Deus, aqueles que combatem você, mas não inicie uma agressão, porque Deus não ama agressores."

vida alto, comparado com os baixos padrões encontrados na Ásia, África e América Latina.

É gente que conta com colaboradores no mundo islâmico, como é o caso das marionetes que governam países árabes corruptos e antidemocráticos – e não prestam contas a ninguém. São os amigos de gente como George Bush e Tony Blair. Mas há gente como eu, assim como há cristãos, judeus e ateus no Ocidente, que, baseados em princípios humanos, encontram um terreno comum para resistir às agressões desse pequeno e poderoso grupo. É esta a guerra: entre o povo e um pequeno grupo de tiranos.

O senhor se considera um jihadista, um guerreiro do Islã?

É outro rótulo. O que significa ser um jihadista? O que significa ser um guerreiro do Islã? Entendo que você só combate os que combatem você. O Alcorão diz claramente: combata, pela causa de Deus, aqueles que combatem você, mas não inicie uma agressão, porque Deus não ama agressores.

Se Jihad significa combater os que atacam minha terra natal e invadiram meu país, é uma honra ser um jihadista! Mas ser um jihadista, tal como a mídia ocidental normalmente retrata, é ser alguém de mente fechada, alguém que quer destruir a civilização. Não me identifico com essa imagem, porque é algo que vai contra o espírito do Islã.

Infelizmente, o uso de rótulos prejudica a capacidade de entender o que acontece. Em vez de falar de rótulos, que se fale de temas. Qual é o problema? O que é que as pessoas estão ou não estão fazendo?

Quando é que a tensão, a violência e as hostilidades entre Israel e os palestinos vão acabar?

Tantas iniciativas foram tomadas, tantos projetos de paz foram feitos para trazer estabilidade ao Oriente Médio... Mas todos falharam – inclusive o Acordo de Oslo (*assinado entre Israel e a Organização pela Libertação da Palestina - OLP, com mediação do presidente dos Estados Unidos, Bill Clinton*).

A principal razão é que a premissa é totalmente errada. Temos de começar reconhecendo a verdade sobre o que aconteceu. Se os americanos propõem uma iniciativa dizendo que os palestinos são terroristas que têm de parar com o terrorismo, então não há começo. Se você me chama de terrorista, o que é que você espera? Que eu ame você? Claro que não vou amar.

Temos de falar sobre o que aconteceu. O que aconteceu foi o seguinte: os palestinos são vítimas. Talvez os judeus sejam vítimas. Não vou negar que sejam. Mas os judeus são vítimas não dos palestinos, mas dos europeus. O que acontece é que os europeus querem pagar seus pecados enviando os judeus para o meu país – e deixando a minha gente sem terra! Uma vez que se aceite que tal fato é a causa real de todo o problema, será fácil resolver a questão.

Você poderá juntar israelenses e palestinos e dizer: "Desculpem, palestinos. Temos cometido tantas injustiças com vocês. Agora, queremos viver juntos. Podemos?".

Algo assim aconteceu na África do Sul. Só puderam resolver o problema do *apartheid* quando reconheceram que o *apartheid* era demoníaco. Da mesma forma, o mundo precisa aceitar que o sionismo é demoníaco. O problema na Palestina não é entre muçulmanos e judeus. Não se trata de um problema religioso: é uma questão puramente política!

Comunidades de judeus foram trazidas da Europa, Estados Unidos, África do Sul e de países árabes e colocadas em nossas terras. Não foi porque nós, palestinos, perseguimos judeus. Nunca perseguimos! Não foi porque perpetramos o Holocausto. Quem o perpetrou foram os alemães. Por que, então, somos punidos? A questão que deve ser respondida é esta. A não ser que ela seja reconhecida, não haverá solução.

Mas poderá haver um intervalo na violência por enquanto. É o que o Hamas tem oferecido. O que digo é que desde 1994 o Hamas tem oferecido aos israelenses uma chance: podemos poupar vidas de ambos os lados. Podemos parar este sofrimento.

Se Israel quiser se retirar para as fronteiras que existiam antes de 1967, libertar todos os prisioneiros palestinos... Há 11 mil em prisões israelenses. Dá para imaginar quantas famílias são afetadas? Em seguida, Israel precisa remover todos os colonos que foram trazidos de todas as partes do mundo para ocupar nossas terras, na margem ocidental do Jordão e na Faixa de Gaza. O Hamas diz: se Israel agir assim, podemos assinar uma trégua por 20, 25, 50 anos, o que puder ser negociado.

A idéia é: se houver tranqüilidade durante uma geração, aposto que haverá paz permanente. Porque existirá, então, em ambos os lados, uma geração diferente, formada por quem pode trabalhar junto e colaborar para que a vida valha a pena.

O caminho para a frente é primeiro dizer: vamos assumir esse compromisso. Vamos pôr fim à violência. Depois, vamos negociar como viver juntos. Podemos viver juntos se a História for reconhecida pelo que ela foi, não pelo que foi inventado.

O senhor acusa o governo americano e o governo britânico de estarem transformando a guerra contra o terror numa guerra contra o Islã. Qual vai ser o resultado desta confusão?

O que importa, em conflitos, não são as alegações que se fazem. O importante é a percepção criada por essas alegações. Um exemplo: os americanos e os britânicos alegam que estão combatendo o terrorismo. Mas a percepção dos muçulmanos – e até de não-muçulmanos – no mundo inteiro é que esta não é uma guerra contra o terrorismo. É algo muito maior!

O que é Guantánamo? Se os presos de Guantánamo são terroristas, por que não são levados a julgamento? Não são, porque os americanos não dispõem de provas contra eles. O que dizer dos presos de Abru Ghraib? E os reais motivos da invasão do Iraque, quando se sabe que não havia armas de destruição em massa nem ligações reais entre Saddam Hussein e a Al-Qaeda? Hoje, sabemos desses fatos.

O que é que os muçulmanos vão pensar? Vão dizer: "Ah, é uma guerra contra o terrorismo, mas talvez eles tenham cometido um engano"? Não!

O que eles pensam é: George Bush e Tony Blair são antimuçulmanos e contra o Islã. Não sou eu que digo. Mas há essa percepção – que é muito perigosa! E foi exatamente essa percepção que levou ao 11 de Setembro e ao 7 de Julho, dia dos atentados em Londres.

Há quem me pergunte: por que você diz que essa percepção

"Os americanos e os britânicos alegam que estão combatendo o terrorismo. Mas a percepção dos muçulmanos – e até de não-muçulmanos – no mundo inteiro é que esta não é uma guerra contra o terrorismo."

levou ao 11 de Setembro, já que o Iraque e o Afeganistão nem tinham sido invadidos ainda quando houve os atentados nos Estados Unidos?

Eu digo: você não ouviu falar que meio milhão de crianças iraquianas morreram em conseqüência das sanções impostas ao Iraque pelos Estados Unidos dez anos antes? Você nunca ouviu falar do apoio oferecido incondicionalmente aos israelenses, que perseguem os palestinos há sessenta anos? Não viu o que os americanos fizeram ao apoiar presidentes e reis corruptos no mundo árabe – que roubam a comida do povo enquanto se tornam bilionários?

O que moveu Mohammed Atta e todos os outros dezoito homens dos atentados de 11 de setembro foi esse ressentimento, assim como os quatro que perpetraram os atentados de 7 de julho em Londres: tal sentimento os levou a praticar um ato que, infelizmente, atingiu mais inocentes do que culpados.

É perigoso criar essa percepção. Os que articulam as políticas do Ocidente devem pensar profundamente sobre esse ponto. Se o Ocidente der a impressão de que quer combater o Islã, não poderá jamais vencer esta guerra. Porque estará combatendo 1 bilhão e 250 milhões de pessoas! É muito perigoso, portanto, botar o Islã e o Ocidente um contra o outro.

Não se deve fazer algo assim, porque os dois não precisam ser necessariamente inimigos. Podemos ser amigos. Durante décadas, muçulmanos viveram felizes no Ocidente, sem qualquer problema – até que o Iraque foi invadido, no início dos anos 90.

É um problema real: há governos no Ocidente, particularmente os Estados Unidos e a Grã-Bretanha, que continuam perturbando e tratando os muçulmanos como se eles não tivessem valor, o que é perigoso.

Mas as sanções econômicas foram impostas ao Iraque porque o Iraque tinha invadido, antes, o Kuwait!
E daí? E daí? O Iraque invadiu o Kuwait. Qual é o grande problema? Se o Iraque invadiu o Kuwait, este é um problema entre o Iraque e o Kuwait! Por que é que os Estados Unidos reuniram trinta países para lutar uma guerra que não apenas tirou Saddam Hussein do Kuwait, mas resultou num embargo e num bloqueio que matou meio milhão de crianças e enviou o Iraque de volta para a era das trevas? Por quê?

Não é que os Estados Unidos amem o Kuwait. O que eles amam é o petróleo. Tudo gira em torno de petróleo, ganância, poder. Saddam Hussein, aliás, poderia vender petróleo para os Estados Unidos, porque ele era amigo dos americanos. Quando invadiu o Irã, era. Mas existe a arrogância dos poderes imperialistas, que desenharam o mapa do Oriente Médio e se comportaram como deuses. Disseram: nós criamos este mapa, não permitiremos que ninguém o mude.

Ora, nós, muçulmanos, acreditamos que só existe um Deus. A América não é um deus. A Grã-Bretanha não é um deus. Nenhum ser humano é. O único Deus é o que criou todos nós.

O senhor diria, então, que a confusão entre a guerra contra o Islã e a guerra contra o terror é o grande perigo que o mundo inteiro enfrenta hoje?
A guerra contra o terrorismo é muito mais perigosa do que

a guerra fria! Havia duas potências na guerra fria: os Estados Unidos e a União Soviética. Uma mantinha a outra à distância. Mas, na guerra contra o terror, Estados Unidos e Grã-Bretanha estão cometendo atos capazes de provocar reações completamente anticonvencionais.

Não se pode impedir! Ainda que você tenha todas as armas nucleares do mundo, ou novos submarinos ou *tridents*, não adiantará: se alguém decidir botar uma carga de dinamite na cintura e ir a um ônibus, um metrô ou um bar, como é que se pode evitar?

Quando se adotam medidas de segurança, sempre às custas do contribuinte, a vida fica difícil. Hoje, poucos gostam de viajar. Porque quando alguém vai a um aeroporto perde horas no *check-in*, passa por revista, tira os sapatos, os cintos. Um dia, vão tirar a roupa da gente. A vida, portanto, fica mais difícil a cada dia. Por quê? É conseqüência da política adotada por Estados Unidos e Grã-Bretanha.

Por que não rever essas políticas? Por que não falar com as pessoas, em vez de bombardeá-las? O resultado é que a maioria dos muçulmanos encara a guerra contra o terrorismo como uma guerra contra o Islã! Quero dizer que, pessoalmente, nem acredito que seja uma guerra contra o Islã, mas sim uma guerra da ganância. Mas a percepção é de há uma guerra contra o Islã. Viajei pelo mundo muçulmano. Falei com muita gente. Pode acreditar: poucos aceitam que não seja uma guerra contra o Islã. Todo o perigo vem daí, dessa percepção. Se você faz guerra contra o Islã, o que é que você espera?

O mundo islâmico tem passado por um despertar, um renascimento. Outra percepção no mundo islâmico é a de que os americanos e seus aliados na Europa Ocidental querem barrar esse renascimento antes que ele dê frutos. Eis uma percepção ainda mais perigosa: "Querem nos matar. Querem nos sufocar. Querem evitar o renascimento do que já foi uma grande civilização".

É o que os jovens pensam. O que é que um jovem desses faz? Oferece-se como mártir! A política americana e britânica cria, portanto, mais mártires. Os governos dos Estados Unidos e da Grã-Bretanha terminam incentivando o que eles acham que estão combatendo: o terrorismo.

Se o senhor tivesse a chance de se dirigir pessoalmente a George Bush, que pergunta faria a ele hoje?

Perguntaria: quando vai para a cama e bota a cabeça no travesseiro, o senhor se sente confortável diante do que tem feito ao mundo? Não sente dor por estar destruindo nossa humanidade? Já pensou sobre essas coisas, ou o senhor não carrega na mente dúvidas assim?

O que é que o senhor sente quando lê nos jornais um artigo que o define como um "homem-bomba ambulante"?

Os que lêem tais palavras, lamentavelmente, vão terminar entendendo mal o que defendo e o que digo. Os que me atacam dessa maneira não são intelectuais; nem acadêmicos eles são. Não estão interessados na verdade. É gente que trabalha para um *lobby* – em geral, desonesto. Ou faz o *lobby* de direita. São os que querem apenas me demonizar ou pintar um retrato meu de uma tal maneira que quem não me conhece vai ter medo de mim: não vai nem querer ler o que escrevo ou ouvir o que digo.

"Os que são religiosos acreditam que quem se sacrifica vai ser recompensado por Deus".

Entrevista gravada em Londres, 16/02/2007

"Um teatro de horrores que arderia na consciência coletiva mundial por gerações": o depoimento completo do homem que encarou os **terroristas** nas Olimpíadas de Munique.

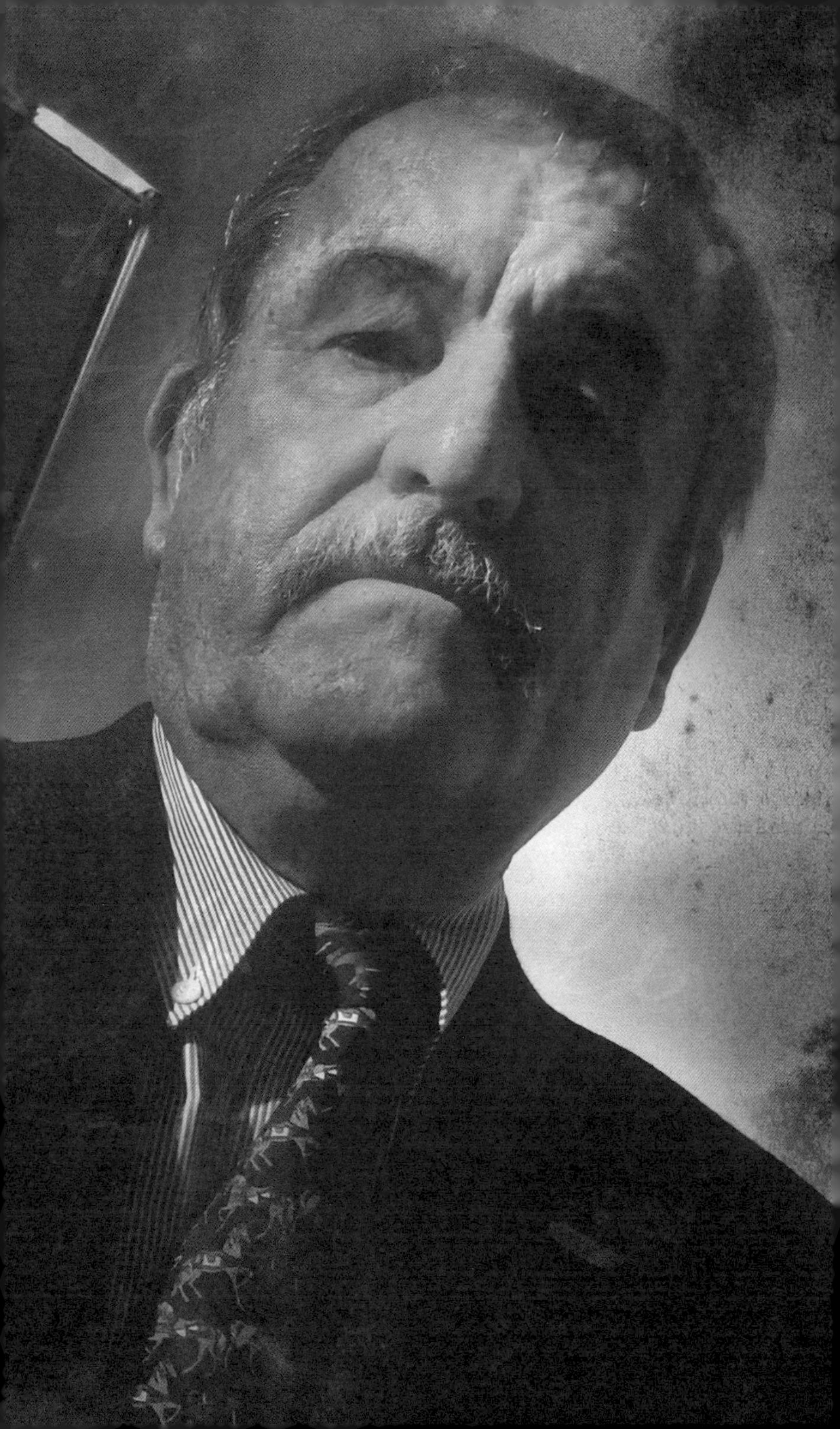

Heinz Hohensinn

MUNIQUE, ALEMANHA – Horripilante. De todas as palavras que poderia usar para descrever o que aconteceu naquele dia de setembro em Munique, o agente especial Heinz Hohensinn prefere, sempre, recorrer a esta. Horripilante. É a primeira palavra que ocorre ao agente quando ele se lembra da visão do inferno: nove atletas fuzilados e queimados dentro de dois helicópteros; cinco terroristas mortos na pista do aeroporto. Quando começa a descrever o que viu, o agente repete, inevitavelmente, a palavra que o persegue desde que testemunhou o chamado "Massacre de Munique": horripilante.

Depois de pronunciar a palavra, o agente especial da polícia alemã levanta-se da cadeira, ajoelha-se no chão e une as duas mãos espalmadas num gesto de súplica.

Se um bisbilhoteiro se infiltrasse agora no salão de conferências do Tryp Hotel, numa rua chamada Paul-Heyse, em Munique, certamente estranharia a cena: que diabos aquele homenzarrão estava fazendo, ali, ajoelhado diante de uma câmera?

Ator involuntário de uma tragédia – o massacre dos atletas israelenses por terroristas palestinos, nas Olimpíadas de Munique –, Heinz Hohensinn repetia, num sábado de inverno, em 2007, a cena que vivera nas Olimpíadas de Munique, no verão europeu de 1972.

(A tragédia teve dois cenários. Primeiro: a Vila Olímpica. Oito terroristas palestinos invadiram o prédio número 31 de uma ruela chamada Connolystrasse, alojamento da delegação de Israel nas Olimpíadas de Munique, num dos mais ousados e surpreendentes ataques já realizados. Queriam chamar a atenção do mundo para a "causa palestina". Dois israelenses foram mortos na invasão. Segundo cenário: o aeroporto de Furstenfeldbruck, em Munique, para onde terroristas e reféns foram levados de helicóptero depois de um dia inteiro de negociações. Os terroristas pensavam que seriam despachados para o exterior, sãos e salvos, a bordo do Boeing 727 que os esperava. Mas era uma emboscada. Quando desconfiaram da armadilha, abriram fogo. O tiroteio entre a segurança alemã e os terroristas palestinos terminou em carnificina. Nove reféns israelenses foram executados. Cinco dos oito terroristas e um policial alemão também morreram.)

Capturados pelos alemães depois do fogo cruzado, três terroristas imploravam pela vida. Pensavam que seriam fuzilados sumariamente pela polícia alemã, porque tinham acabado de executar um massacre. Ajoelhados diante de Hohensinn, com as mãos espalmadas, os terroristas imploravam: não queriam ser mortos. Foram poupados. O agente alemão testemunhava, ali, uma espetacular reviravolta: minutos antes, os terroristas tinham dizimado os reféns israelenses. Agora, rezavam para sair dali com vida. A súplica dos terroristas é o gesto que Hohensinn reencena agora, diante de nós, no salão do hotel.

Ninguém viu a cena dos terroristas de joelhos. Não havia, obviamente, câmeras por perto para registrar a cena dramática. Captada pelos fotógrafos e cinegrafistas, a imagem de um terrorista na varanda do alojamento dos atletas israelenses na Connolystrasse correu o mundo e ganhou capas de revista e a primeira página de jornais. Tornou-se um ícone do terrorismo moderno.

Heinz Hohensinn foi atraído para o olho do furacão por dever de ofício. Acabou se tornando testemunha privilegiadíssima de um ataque terrorista que entrou para a História. Quando descreve o Massacre de Munique, Hohensinn diz que fala com absoluto "conhecimento de causa". Não é exagero: esse agente de bigode farto e rosto que lembra vagamente o do técnico Carlos Alberto Parreira esteve presente em todas as fases da fracassada operação de resgate.

Primeiro, preparou-se para invadir o alojamento onde os terroristas palestinos mantinham os israelenses como reféns. Depois, participou da fracassada emboscada que seria armada no aeroporto. Por fim, prendeu os terroristas sobreviventes.

O agente não perdeu a aparência de "homem da lei". As mãos são grandes. Os passos, firmes e decididos. A voz é afirmativa. Passou a carreira caçando bandidos e gângsteres de todo tipo. Jamais esperava que um dia fosse combater terroristas. Mas a única missão antiterrorista de que participou marcaria a vida pessoal e profissional de Hohensinn para sempre.

As tevês transmitiram, ao vivo, para todo o mundo, a imagem de Hohensinn em cima do alojamento dos atletas israelenses, em companhia de uma força-tarefa da polícia alemã, com uma metralhadora na mão. A polícia alemã preparava a invasão. Lá embaixo, terroristas árabes mantinham nove israelenses sob a mira de fuzis. Dois corpos jaziam no alojamento, em poças de sangue: o do treinador Moshe Weinberg e o do lutador Yossef Romano, mortos a tiros pelos terroristas quando tentavam reagir.

Os terroristas conseguiram o que queriam. Chamaram a atenção do mundo. Mas a incrível sucessão de erros cometidos pelas autoridades alemãs durante a tentativa de resgate dos atletas israelenses transformou o chamado Massacre de Munique num assunto incômodo para a Alemanha.

Os envolvidos na operação de resgate preferem não tocar na ferida. Poucos aceitam quebrar o voto de silêncio. Heinz Hohensinn é uma exceção. Fala sobre o pesadelo. Reconhece erros. Descreve cenas de bastidores. Repassa as lições que aprendeu.

omem da lei". As mãos são grand
s passos, firmes e decididos. A vo
rmativa. Passou a carreira caçan
ndi_____tipo,
ais   se co
ter   a mis:
ntit   u mar
a a   al de H
ensi   ) tra
tiram, ao   nun
imagem d   ima
ojamento   "A súplica dos   ses,
           terroristas é o gesto
mpanhia   de   uma força-tarefa
que Hohensinn reencena
olícia alemã, com uma metralhad
agora, diante de nós,
a mão. A polícia alemã preparav
no salão do Hotel.
vasão. Lá embaixo, terroristas a
s mantinham nove israelenses so

O ex-agente cumpre a palavra: tinha dito que não queria gravar entrevista nem em casa nem no escritório (é consultor de segurança), mas nos procuraria no hotel, às 11 da manhã de um sábado. Chega ao encontro com uma pontualidade alemã. Troca palavras num inglês claudicante. Avisa que quer dar a entrevista em alemão.

(De qualquer maneira, o agente entende sem dificuldade os pedidos feitos, em inglês, pelo cinegrafista Paulo Pimentel. Convocado às pressas para o cenário da entrevista, Antônio Bulhões, um engenheiro brasileiro há anos radicado na Alemanha, faz a tradução simultânea. A busca a Hohensinn exigiu paciência: depois de ler e anotar dois livros sobre a tragédia, *One Day in September* (Simon Reeve) e *Contra-ataque* (Aaron J. Klein), fiz uma lista dos alemães envolvidos na operação de resgate. Começa a busca. Quem estaria disposto a dar uma entrevista? A produtora Paula Teberyçá Ramos participa da caça a um entrevistado. Os primeiros resultados são frustrantes: Manfred Schreiber, o ex-chefe da polícia de Munique, recusa o pedido. Diz que já não fala sobre o que aconteceu nas Olimpíadas. Por onde andaria Hohensinn? O primeiro contato é feito por telefone. O nome do agente não consta da lista. Talvez para evitar a abordagem de fantasmas do passado, o número de Hohensinn foi listado sob o nome de um parente. Agora, ei-lo, na hora e no local combinados, pronto para a gravação. Diante da câmera, o agente faz um desenho que reproduz o cerco ao alojamento ocupado pelos terroristas. Data e assina. Guardo a relíquia. Hohensinn reproduz o cenário de memória.)

Por que, até hoje, os oficiais alemães envolvidos na operação evitam falar sobre o que aconteceu?

Ao preferirem não falar sobre o que aconteceu, os responsáveis pela operação não estão acobertando fatos ou demonstrando que têm consciência pesada. O que aconteceu aconteceu. Não existe segredo. A procura de pistas se estendeu por meses. Tudo foi feito para esclarecer, portanto. Mas tenho de reafirmar que, infelizmente, nosso equipamento e nosso preparo não eram tão eficazes quanto hoje em dia.

Depois de ocorrido o massacre é que se criaram unidades especiais de combate ao terrorismo. Tínhamos sido preparados para lidar apenas com criminosos comuns, durante as Olimpíadas. Não estávamos prontos para enfrentar uma ação de maior abrangência, praticada por um grupo terrorista. Para completar, durante horas, no dia do atentado, não tivemos conhecimento de quantos terroristas estavam no alojamento dos atletas.

Quero dizer uma coisa sobre o nosso equipamento.

Depois do massacre, quando pudemos ter em mãos as armas usadas pelos terroristas, fizemos testes de balística com bonecos. Usamos as armas para atirar em bonecos vestidos com as roupas que estávamos usando no dia do atentado. Resultado: as balas dos terroristas atravessavam os coletes que tínhamos usado. É uma mostra de como estávamos mal preparados. Não tivemos culpa, porque não havia, à nossa disposição, outros coletes à prova de bala. O equipamento que usamos era o que estava à disposição da polícia.

"o agente acabou se tornando testemunha privilegiadíssima de um ataque terrorista que entrou para a História.

O que é que o senhor sente hoje quando vê fotos dos atletas israelenses e dos terroristas árabes?

Tenho de admitir que ainda sinto uma certa raiva dos terroristas, porque, naquela ação covarde, os israelenses não podiam se defender. Eram todos bons atletas, que estavam felizes por participar das Olimpíadas de Munique. Mas o que aconteceu? Indefesos, foram maltratados até a morte. Ainda sentimos muito.

A TEMPESTADE VEIO QUANDO menos se esperava: empenhada em transmitir ao mundo uma imagem de promotora da paz, a Alemanha queria que tudo acontecesse nas Olimpíadas de Munique – tudo, menos uma tragédia envolvendo atletas judeus. Mas foi exatamente o que aconteceu: quando decidiram subir ao palco das Olimpíadas, os terroristas do Setembro Negro elegeram atletas da delegação de Israel como alvo. Se o objetivo era chamar a atenção do mundo para a causa palestina, Israel seria um alvo óbvio. O Setembro Negro, braço radical de movimentos que exigiam a criação de um Estado palestino em territórios ocupados por Israel, cumpria à risca um roteiro que misturava ódios históricos, ressentimentos e ousadia.

As Olimpíadas de Munique já tinham produzido, fora das competições esportivas, um punhado de imagens marcantes.

Cena 1: Dias antes do ataque terrorista, a abertura dos jogos exibe um momento de emoção: o estádio inteiro bate palmas para a delegação de Israel. Sete mil atletas de 121 delegações participavam do desfile. Mas a delegação israelense atrai uma atenção especial: afinal, atletas judeus pisavam em solo alemão,

11

atletas israelenses
morreram no
Massacre de Munique

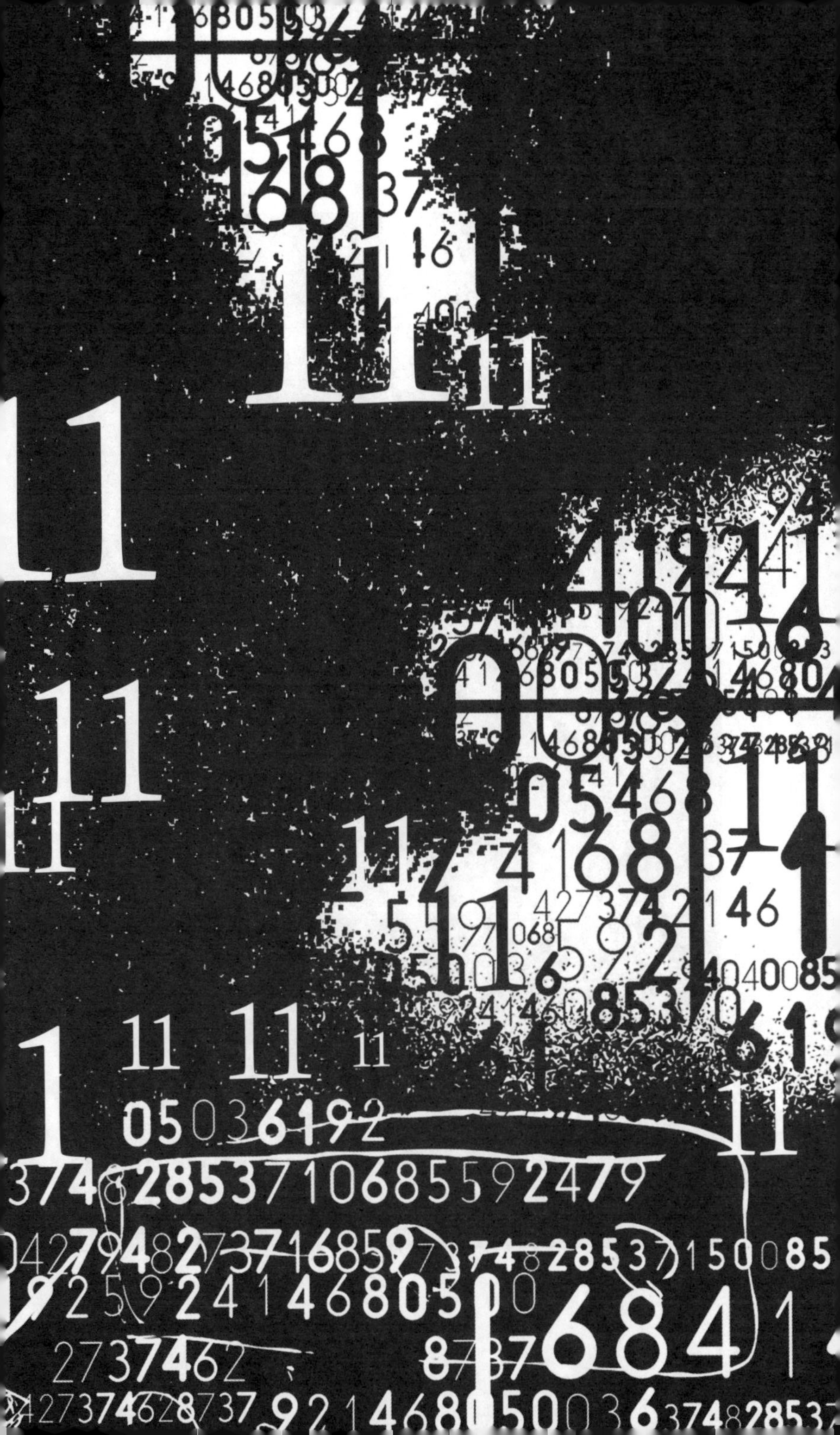
05036192
37482853710685592479

nas "Olimpíadas da Paz", apenas três décadas depois do extermínio em massa de judeus sob o delírio nazista da Segunda Grande Guerra.

Cena 2: a delegação de Israel vai ao local onde um dia funcionou o campo de concentração de Dachau, a apenas 15 quilômetros de Munique, para depositar buquês de flores em homenagem aos mortos da guerra. Um monumento exibe, em quatro idiomas, os dizeres "Nunca mais" (Dachau, até hoje aberto à visitação pública, foi o primeiro campo erguido na Alemanha nazista. Calcula-se que pelo menos 30 mil prisioneiros tenham perdido a vida ali – a maioria, judeus.) A Alemanha quer aproveitar as Olimpíadas para apagar as marcas do passado nazista.

"A organização dos jogos não queria policiais circulando com carabinas e capacetes. Porque poderiam dizer que a Alemanha estava querendo brincar de guerra", diz o agente Hohensinn, hoje pai de dois filhos, aos 64 anos de idade.

Não por acaso, a segurança dos jogos é relaxada. Não há policiais armados na Vila Olímpica. A Alemanha chama estas Olimpíadas de "Jogos da Paz". Horas antes da invasão do alojamento, os atletas israelenses vão assistir a uma peça de teatro: *Um violinista no telhado*. Posam para aquela que seria a última foto do grupo.

Tudo era festa. Mas o cenário estava armado para um dos mais espetaculares ataques terroristas já ocorridos.

São 4h15 da manhã do dia 5 de setembro. Oito terroristas palestinos entram na Vila Olímpica com uniformes de atletas. Carregam nas bolsas oito rifles AK-47 e dez granadas. Tinham sido treinados em campos de refugiados no sul do Líbano – e também na Líbia. O que eles trazem, além das armas? Sede de vingança contra Israel. Consideram-se historicamente injustiçados: Israel ocupara territórios palestinos depois da Guerra dos Seis Dias, em 1967. Os executores do ataque de Munique viviam, na maioria, em campos de refugiados.

Os oito tinham chegado à Alemanha com passaportes falsos. Passaram pela fronteira sem despertar a menor suspeita. As armas já estavam na Alemanha: tinham sido transportadas até a cidade de Colônia por um casal que fez o papel de pombo-correio.

Os terroristas pulam sem dificuldade a cerca de 1,80 metro que protegia a Vila Olímpica. Contam com a ajuda de atletas americanos que, bêbados, voltavam de uma noitada. Vão direto para o alojamento dos atletas israelenses, no número 31 da Connolystrasse. Os terroristas eram todos jovens: o mais novo tinha 19 anos. O líder do grupo usa o codinome "Issa", que significa Jesus, em árabe. (O Setembro Negro ganhou este nome para lembrar os mortos de um massacre de palestinos ocorrido na Jordânia em setembro de 1970. Por coincidência, o ataque de Munique ocorria também num setembro.)

Os terroristas pedem a libertação imediata de 236 prisioneiros – a maioria, palestinos encarcerados em Israel. Querem também um avião que os leve até um país árabe. Dizem que, se as exigências não forem atendidas, vão matar um refém israelense a cada 60 minutos.

Enquanto os terroristas negociam com emissários do governo alemão, uma força-tarefa prepara a invasão do alojamento.

"A organização dos jogos não queria policiais circulando com carabinas e capacetes, porque poderiam dizer que a Alemanha estava querendo brincar de guerra."

TERRORISMO: Olimpíadas de Munique 147

Mas houve uma falha básica. Os alemães não se lembraram de um detalhe fundamental: todos os alojamentos tinham aparelhos de TV. Os terroristas estavam acompanhando toda a operação policial, ao vivo, pela televisão. Puderem ver os agentes, que, no telhado, preparavam o ataque. Avisaram: se os atiradores não saíssem imediatamente do telhado, os reféns seriam executados. A operação foi abortada.

O senhor estava preparado para matar os terroristas de surpresa, se houvesse a invasão do alojamento?

Quando estávamos ali, no telhado, não fazíamos idéia de como a operação iria acabar, porque não sabíamos quantos terroristas estavam lá dentro nem quais as posições que eles ocupavam no alojamento dos atletas. A lei de procedimentos policiais diz que não podemos matar, a não ser em legítima defesa. Se um terrorista atirasse na gente, evidentemente atiraríamos de volta, para preservar nossa vida.

Acontece que não havia nenhuma possibilidade de conseguirmos êxito na invasão do apartamento. Porque os terroristas estavam acompanhando, ao vivo, pela TV, todos os nossos preparativos. A operação teve de ser abortada por esse motivo. De qualquer maneira, para nós, a invasão teria sido um grande risco. Os oficiais que comandavam nossa ação disseram que já não poderíamos levar adiante o plano de invadir o alojamento. Equipes de televisão não apenas observavam todo o nosso procedimento, mas enviavam as imagens para o mundo inteiro! Hoje, nem quero pensar no que teria acontecido em caso de invasão. O desfecho teria sido terrível já ali.

Qual foi o momento mais dramático e mais difícil de toda essa operação?

Os preparativos para uma possível ação policial no alojamento dos atletas israelenses foram dramáticos. A qualquer momento, poderíamos receber a senha que deflagraria a invasão. A senha era "raio de sol". Assim que ela nos fosse enviada pelo comando da operação, teríamos de invadir o alojamento para tentar resgatar os reféns. Aqueles foram momentos de tensão, porque – de fato – uma invasão significaria um grande risco para nós.

DEPOIS DE UMA NEGOCIAÇÃO que se arrastou por todo o dia – e entrou pela noite –, o governo alemão chega a um suposto acordo com os terroristas: em companhia dos reféns, os terroristas vão ser levados – em dois helicópteros – até um aeroporto militar, onde um Boeing 727 os esperava. Mas era tudo uma emboscada: agentes alemães estariam dentro do avião, vestidos com uniformes de pilotos e comissários de bordo. Quando os terroristas entrassem no avião, seriam atacados. Minutos antes da chegada dos terroristas, os agentes alemães tomam uma decisão inesperada: abandonam o avião, às pressas, porque acharam que aquela seria uma missão suicida. Quando o terrorista vê o avião vazio, desconfia da emboscada. Grita para seus companheiros.

Começa, então, um tiroteio no escuro: os terroristas atingem as torres de iluminação.

Uma nova falha se soma à já incômoda lista de equívocos: os atiradores alemães não tinham rádios para se comunicar uns com os outros. Pela posição em que pousaram, os helicópteros terminam ficando na linha de tiro. A lista de erros não pára aí: a polícia alemã só tinha deslocado cinco atiradores para o aeroporto. Mas havia oito terroristas. Pior: o avião estava com 8.300 litros de combustível – um risco absoluto. Bastaria uma bala perdida no tanque do avião para fazer tudo explodir pelos ares.

Em meio ao fogo cruzado, os terroristas fuzilam os atletas israelenses, que estavam amarrados, uns aos outros, dentro dos dois helicópteros. O teatro de horrores se completa: um dos terroristas joga uma granada dentro de um dos helicópteros. Os atletas morrem fuzilados e carbonizados.

Já é madrugada. O locutor da rede americana ABC, Jim McCay, se lembra do pai ao dar, ao vivo, a notícia da tragédia:

"Quando eu era criança, meu me pai me dizia que nossos piores medos e nossas melhores esperanças raramente se realizam. Nossos piores medos se realizaram hoje. Dois atletas foram mortos no alojamento. Nove no aeroporto. Estão todos mortos".

O senhor pode descrever o que viu quando correu para o helicóptero, para ver se havia algum atleta israelense vivo?

O que vi foi assustador. O helicóptero ainda estava pegando fogo. O avião da Lufthansa estava parado, com os motores ligados, com o tanque cheio, perto da torre de controle. O tiroteio já tinha acabado. Tínhamos diante de nós um quadro horripilante. Era como se estivéssemos diante de túmulos na pista do aeroporto. Parecia que todos – tanto os reféns quanto os terroristas – estavam mortos. Os bombeiros disseram que todos tinham morrido. Percorri a área com um colega, num carro, com a pistola engatilhada. De repente, ele gritou para mim: "Venha cá! Ainda existe gente viva!". Nesse momento, prendemos os três terroristas sobreviventes – que se fingiram de mortos debaixo da espuma lançada pelos bombeiros. Estavam encobertos pela espuma branca.

A essa altura, já não tínhamos como ajudar os reféns. Depois de prendê-los, levamos os três até o prédio onde ficava a torre do aeroporto. Despimos os terroristas – que ficaram só de cuecas. As roupas foram preservadas para análise de vestígios durante os trabalhos de investigação. Os três foram, então, levados a prisões diferentes, para que não pudessem se comunicar.

Cinco terroristas – e um policial alemão – são abatidos no tiroteio. Três dos terroristas sobrevivem. Qual foi a primeira reação que eles tiveram no momento da prisão?

Os três terroristas nos deram uma impressão deplorável. Eu nunca havia visto um terrorista diante de mim.

Nem pareciam terroristas: eram jovens que não tinham uma aparência hostil. Mas me deram uma impressão de covardia, o que, para mim, foi surpreendente, por um motivo: a idéia que eu tinha de um terrorista era a de alguém que tinha abdicado da vida. Os terroristas, no entanto, estavam ali, implorando pela vida – de joelhos –, porque acreditavam que seriam executados por nós naquele momento, o que, pelo Direito alemão, não seria possível. Os três eram figuras lastimáveis. Era um quadro realmente deplorável. Posso mostrar o que eles fizeram. (*Hohensinn repete o gesto dos terroristas.*) Olhavam para nós com olhos grandes. Nem pareciam terroristas. Pareciam cidadãos comuns. O que quero dizer é que não eram como criminosos que a gente reconhece a 100 metros de distância. Quanto à aparência, eu diria que eles eram jovens simpáticos, inteiramente normais.

É verdade que o filme que teria sido feito pela polícia alemã durante a operação de resgate terminou desaparecendo?
Pode ser que, durante a operação, a polícia tenha filmado, já que possui uma equipe de filmagem. Mas estou ouvindo hoje pela primeira vez a afirmação de que esse filme sumiu. De qualquer maneira, minha longa experiência me ensinou que filmes feitos pela polícia – com registros e gravações sobre transações de traficantes de drogas, por exemplo – nunca chegam ao conhecimento público. Filmes, não apenas sobre essa ação nas Olimpíadas, mas também sobre atividades de combate à criminalidade, são assuntos internos da polícia. Assim devem permanecer. Não sei dizer se um possível filme sobre a operação em Munique existe ou se sumiu. Não acredito no sumiço. Por que é que a polícia haveria da dar sumiço num filme desses?

Também tomei conhecimento de outra acusação: a de que nós, agentes, atiramos nos reféns durante o tiroteio no aeroporto. Posso contestar com segurança essa acusação. Testes balísticos foram feitos. Colegas permaneceram em Munique durante meses, para medir todos os ângulos. Os atiradores tinham formação. Os que foram escalados para atuar como atiradores de elite passaram o ano treinando. Tinham um conhecimento profundo de pontaria. Não iriam deslocar para a torre do aeroporto alguém que nunca tivesse usado um rifle. Eram os melhores atiradores que tínhamos à disposição na época das Olimpíadas. Mas, em 1972, as armas eram completamente diferentes: não havia o infravermelho. Desde então, houve uma série de avanços técnicos no equipamento. É preciso diferenciar um comando de assalto de um grupo de atiradores de elite. Nosso grupo, especificamente, não disparou nenhum tiro no aeroporto. Teríamos atirado se tivéssemos invadido o alojamento em que os terroristas mantinham os atletas como reféns. Graças a Deus, não foi o caso.

Qual foi a lição mais importante que o senhor tirou da fracassada operação para salvar os atletas israelenses?

A situação é diferente – e melhor – hoje em dia, porque agora existem tropas especialmente formadas para combater terroristas. Hoje, numa situação como aquela, eu tentaria – novamente – ajudar os atletas de qualquer maneira. Tínhamos o desejo de ajudá-los, mas não houve a possibilidade. Não nos podem acusar de nada, portanto. A polícia hoje conta com unidades especiais, que atuam – por exemplo – no combate a terroristas dentro de ambientes fechados. Éramos, na época, agentes que atuavam contra crimes de rua na área do tráfico de drogas e assaltos a banco. Arrombávamos a porta e prendíamos esse tipo de criminoso.

O importante, em eventos assim, é iniciar em tempo hábil os preparativos: trabalhar em conjunto – com grande antecedência – com o serviço secreto e os serviços de informação, controlar bem a entrada de pessoas vindas do exterior.

"A ideia que eu tinha de um terrorista era a de alguém que tinha abdicado da vida. Mas eles estavam implorando pela vida, de joelhos, porque acreditavam que seriam executados."

A organização
Setembro Negro
adotou este nome
para denunciar
a morte de
palestinos na Jordânia
em setembro de

1970

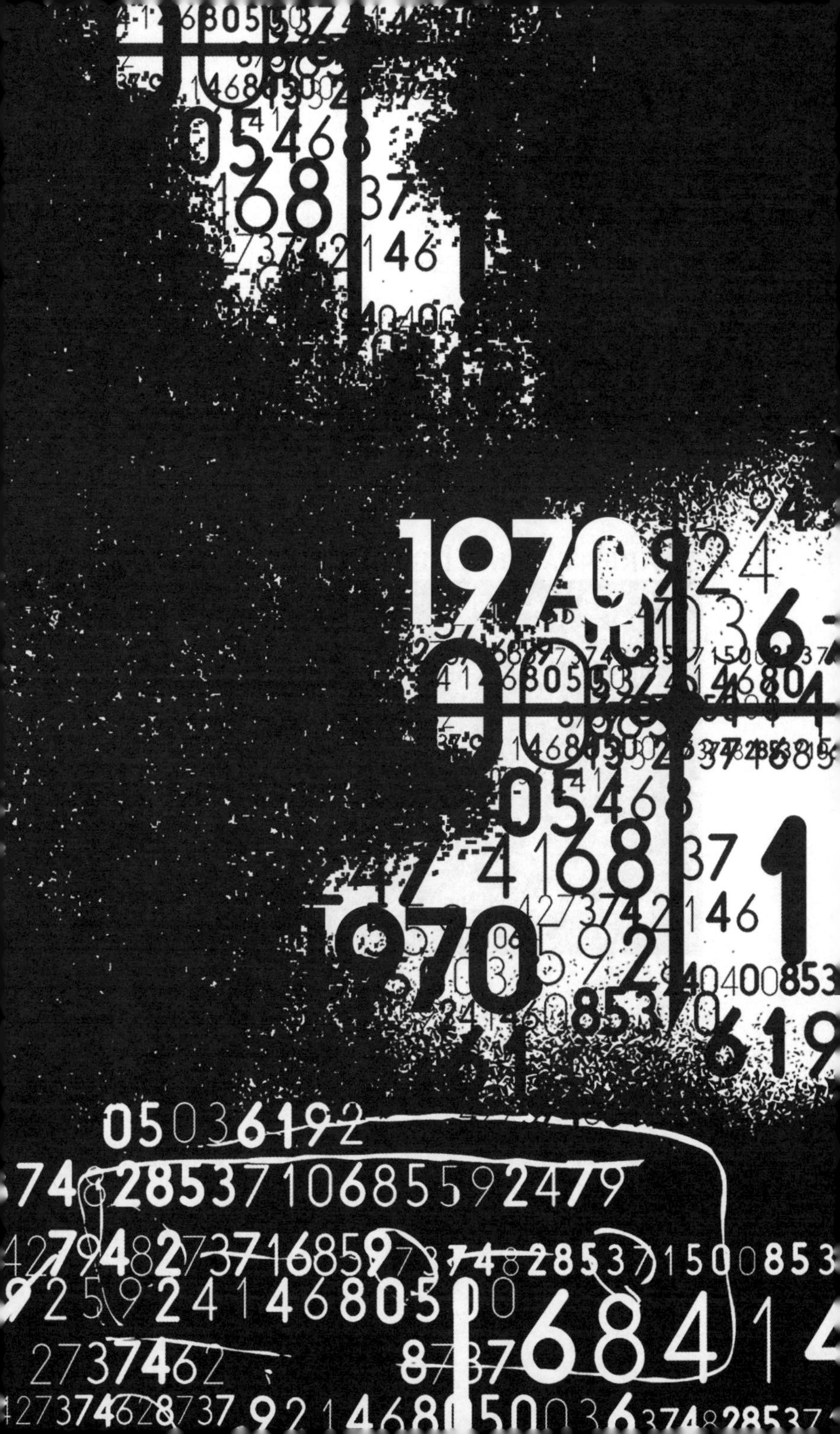

Por exemplo: em Munique, nas Olimpíadas, fazíamos rondas noturnas em que, sem saber, passávamos de cinco a dez vezes pelo hotel onde os terroristas preparavam o ataque. Passávamos no carro da polícia, atrás de criminosos. Mas lá em cima, no hotel, estavam os verdadeiros criminosos, preparando o massacre! Ou seja: o importante é preparar com antecedência um plano de ação. A presença policial armada deve ser maciça, para que haja intimidação.

QUARENTA DIAS DEPOIS, os terroristas que sobreviveram são trocados por passageiros de um avião alemão que tinha sido seqüestrado. Em tempo recorde, os terroristas são retirados das prisões em que se encontravam e levados de helicóptero para o aeroporto de Munique. A rapidez com que o governo alemão aceitou as exigências dos seqüestradores levanta suspeitas que resistem até hoje: desconfia-se de que o seqüestro não passou de uma grande farsa. O objetivo: permitir que o governo alemão se livrasse dos terroristas palestinos. A Alemanha não tinha o menor interesse de manter, em suas prisões, terroristas que poderiam criar problemas para o país.

Há uma suspeita de que o seqüestro que resultou na libertação dos terroristas envolvidos no atentado de Munique na verdade tenha sido uma farsa patrocinada pelo governo alemão. O que é que o senhor diz dessa versão?

Um avião foi seqüestrado para forçar a libertação dos três terroristas. O motivo do seqüestro foi este.

Não tenho conhecimento de que tenha havido participação

do governo alemão. Não posso imaginar. Porque os passageiros do avião seqüestrado estavam com medo. Não foi uma encenação. O piloto do avião já tinha enviado chamados de emergência: "Não tenho combustível! Por favor, deixem a gente pousar. Por favor, libertem os terroristas. Senão, vamos cair". Estou seguro de que não houve nenhuma armação do governo.

O senhor transportou um dos terroristas de helicóptero no momento em que eles foram trocados por reféns. Como é que eles estavam naquele momento?
Os três estavam em prisões diferentes. Foram levados a um campo de futebol, na área de esportes da polícia da Baviera. Três helicópteros que tinham sido deslocados para lá foram usados para transportar os terroristas. Terminei embarcando num dos helicópteros, com um dos terroristas, para o vôo até o aeroporto de Munique, onde eles pegariam o avião. Os três já sabiam que seriam levados para fora da Alemanha, rumo a um país que os festejaria como heróis.

O terrorista que estava comigo no helicóptero ficava me olhando. Falou comigo, em inglês: "Eu conheço você". Respondi: "Não faço idéia de onde você me conhece". E ele: "Você estava no telhado da Vila Olímpica".

Vi, ali, precisamente, que os terroristas tinham de fato acompanhado tudo pela televisão, todos os nossos preparativos para invadir o alojamento da Vila Olímpica. Além de tudo, ele tinha a capacidade de reconhecer feições. Semanas depois de ter me visto, pela TV, no telhado do alojamento, conseguiu se lembrar de minhas feições. Eu disse a ele: "Sim, era eu".

Os três helicópteros voaram para o local onde estava o avião que levaria os terroristas para fora da Alemanha. Lembro que eles entraram no avião com sacolas de lanche da Lufthansa. Pareciam estar de bom humor. Um dos três ainda estava com um curativo, porque tinha sido ferido na mão durante o tiroteio.

OS TERRORISTAS SOBREVIVENTES são recebidos como heróis na Líbia. Numa entrevista, dizem que conseguiram o que queriam: que o mundo olhasse para os palestinos.

A reação de Israel é imediata. A primeira-ministra Golda Meir dá o sinal verde para uma operação ultra-secreta: o Mossad, serviço secreto de Israel, recebe autorização para caçar, um por um, em qualquer lugar do mundo, os envolvidos no atentado de Munique, numa operação batizada de "A Ira de Deus".

Militantes e colaboradores palestinos envolvidos direta ou indiretamente no Massacre de Munique são executados em Paris, em Roma, em Chipre, em Beirute, em Atenas. Um dos cálculos fala em 36 execuções.

Um garçom – que tinha o nome parecido com o de um dos terroristas – é morto, por engano, por agentes de Israel quando saía de um cinema, na Noruega, em companhia da mulher, grávida. A Operação Vingança chegaria às telas no filme *Munique*, dirigido por Steven Spielberg.

O senhor daria apoio à operação montada por Israel para caçar um por um os terroristas envolvidos no atentado de Munique?

Todos sabemos que temos, aqui na Alemanha, legislação diferente da dos israelenses. Mas é claro que eu ajudaria os israe-

"um dos terroristas falou comigo, em inglês: 'Eu conheço você'. Respondi: 'Não faço idéia de onde você me conhece'."

lenses a qualquer tempo, com investigações para levantar provas. Só não levaria adiante a missão de matar, porque, pelas leis alemães, esta é uma alternativa fora de questão. Em todo caso, Israel poderia contar com o meu apoio para as investigações. Um crime tão brutal e tão vil precisa ser punido. Mas não se faz justiça executando alguém na saída de um hotel. Não é assim que funciona. Sou contra esse tipo de prática. Os israelenses fazem – ou fizeram – algo assim com sucesso. É problema de Israel. Eu ajudaria os israelenses a qualquer momento, sem, no entanto, recorrer ao uso da violência.

Mas o senhor teria a tentação de aceitar o convite para participar de uma operação clandestina de vingança contra os terroristas árabes?

Se eu tivesse sido convidado pelos israelenses para botar os terroristas atrás das grades, é claro que ficaria honrado em ajudar. Se soubesse onde algum dos três se encontrava, teria revelado o esconderijo. Teria comunicado aos israelenses. Se fosse chamado para fazer um trabalho de investigação, ainda hoje estaria à disposição. Mas não com violência armada.

De tudo o que aconteceu naquele dia, o que é o senhor mais lamenta?

É difícil dizer o que lamento, porque, dentro da operação, fizemos tudo o que estava ao nosso alcance. Mas sentimos muito pelas vítimas inocentes. Os israelenses que perderam a vida tinham mulher e filhos. Queriam viver aqui, com a gente, em Munique, a emoção dos jogos.

Se o senhor tivesse a chance de se dirigir hoje às famílias dos atletas israelenses, o que é que o senhor diria a elas?
Depois das Olimpíadas, não tivemos a chance de conhecer as famílias dos atletas. Mas vi na TV uma entrevista de Ankie Spitzer, mulher do atleta de esgrima que perdeu a vida. Doeu profundamente saber que aquela mulher, depois de tanto tempo, ainda sentia desespero pela morte do marido. Eu queria expressar o meu pesar. Porque não pudemos ajudar os atletas no dia 5 de setembro de 1972.

De quem foi a culpa pelo desastre de Munique?
A culpa não pode ser atribuída a ninguém. Todos estávamos dispostos a dar o melhor de nós. Não se pode afirmar quem de fato foi o responsável pela situação. Responsáveis foram todos os que estavam participando da operação.

De qualquer maneira, ficamos sobrecarregados. Não estávamos, também, devidamente treinados. Nosso equipamento não era apropriado para ações antiterroristas. Não tivemos culpa pela situação. Tínhamos, durante as Olimpíadas, uma missão completamente diferente. Nossa função era manter a cidade em paz, através do trabalho de comandos policiais. Tivemos menos criminalidade em Munique durante as Olimpíadas. Recebemos apoio de colegas de outras grandes cidades – que foram de extrema utilidade nas batidas que fazíamos em cassinos, bordéis e estações de trem. Nossa função era essa – até o momento em que ocorreu o ataque brutal.

Um jornalista americano disse que nossas melhores esperan-

ças e nossos piores medos um dia se realizam. O senhor teve essa sensação quando voltou para casa, na noite em que a operação de resgate fracassou?

Quando ainda estava envolvido na ação – e também posteriormente – senti raiva e pesar. Mas sempre acho que não se deve perder a esperança. O importante era tentar tirar o melhor daquilo tudo e aprender tudo o que fosse possível, para poder se preparar de uma forma melhor quando chegasse o momento de lidar com acontecimentos de tamanha magnitude.

AS FERIDAS ABERTAS EM MUNIQUE ainda não cicatrizaram. O drama não acabou: as famílias dos atletas lutam até hoje para que, nas festas de abertura dos Jogos Olímpicos, haja sempre um minuto de silêncio para lembrar os mortos de Munique. Mas o Comitê Olímpico Internacional não quer politizar as cerimônias de abertura. Em 2004, o governo alemão ofereceu às famílias das vítimas o equivalente a 8 milhões de reais, a serem repartidos entre os descendentes.

Hoje, o alojamento invadido pelos terroristas, na Vila Olímpica, é usado por uma empresa privada para hospedar funcionários de passagem pela cidade. Um aviso pede que os visitantes respeitem a privacidade dos hóspedes. Em cima de um pequeno monumento, visitantes deixam pedras, que – pela tradição judaica – são uma maneira de dizer que os mortos não foram esquecidos. Sobre o chão, há sempre flores. Ao lado da porta do alojamento, gravados em pedra, os nomes dos onze atletas israelenses mortos – e o símbolo olímpico. A placa cita a "morte violenta" dos reféns.

É assim que as lembranças do pesadelo estão vivas na Connolystrasse.

A PALAVRA DO ATLETA QUE FUGIU DO INFERNO

Tento um contato com um dos atletas israelenses que estavam no alojamento na madrugada do ataque, mas conseguiram escapar. Consigo: um maratonista prontifica-se a gravar uma entrevista, às vésperas de completar 70 anos de idade. Falaria por telefone, direto de Melbourne, na Austrália, em meio a uma viagem.

Shaul Ladany é personagem de uma das mais extraordinárias histórias de sobrevivência do século XX. Por quatro vezes, esteve a um passo da morte. Por quatro vezes, Ladany escapou.

Primeira: judeu nascido em Belgrado, foi mandado para o campo de concentração de Bergen-Belsen, na Alemanha, em 1944, quando tinha apenas 8 anos de idade. Passou seis meses no inferno, cenário da morte de 50 mil prisioneiros.

Segunda: pegou em armas para lutar pelo exército israelense na Guerra dos Seis Dias – o ataque-surpresa feito por Israel, a partir do dia 5 de junho de 1967, contra Egito, Síria e Jordânia.

Terceira: maratonista, fazia parte da delegação israelense que foi atacada pelos terroristas palestinos da organização Setembro Negro no dia 5 de setembro de 1972 durante as Olimpíadas de Munique – um dos mais espetaculares atos de terrorismo da história moderna.

Quarta: um ano e um mês depois do pesadelo de Munique, participou da Guerra do Yom Kippur, provocada pelo ataque do Egito e da Síria contra Israel, em outubro de 1973.

"O que eu sou? Um sobrevivente" – resume Ladany. Professor

de engenharia industrial da Universidade Ben Gurion, em Israel, pai de uma filha, avô de duas netas, este sobrevivente estará pensando em quê, na noite do aniversário?

"Vivi uma vida turbulenta. Quando a família se reúne, sabe sobre o que a gente fala? Você não vai acreditar, mas é sobre o Holocausto", diz. "Infelizmente, tive também a experiência das Olimpíadas de Munique. São lembranças que me acompanharão enquanto eu estiver vivo. Vou pensar sobre Munique no dia dos meus 70 anos, com toda a certeza."

Ladany foi despertado por um barulho estranho no alojamento da delegação israelense, o prédio número 31 da Connolystrasse. Quando abriu a porta, na madrugada daquele dia 5 de setembro, viu um homem de pele morena e de chapéu no final do corredor. Era um dos terroristas, mas Ladany não sabia:

"Notei que algo estava errado quando ouvi o diálogo desse homem com guardas que tentavam convencê-lo a deixar equipes de socorro da Cruz Vermelha entrarem no alojamento. Quando alguém pediu que ele fosse 'humanitário', ele respondeu: 'Não! Judeus não são humanitários'. Não tenho certeza se ele disse 'judeus' ou 'israelenses'. Ali, entendi imediatamente que algo terrível estava acontecendo. O terrorista não chegou a me ver".

O ex-maratonista Ladany – que conseguiu se afastar do alojamento – critica até hoje o governo alemão. Diz que as autoridades desperdiçaram a chance de alvejar os terroristas palestinos porque não queriam que a Alemanha fosse palco de derramamento de sangue:

"Pareceu óbvio que o governo alemão não quis usar a Vila Olímpica – que simbolizava uma atividade pacífica – como cenário de uma operação antiterror. O governo queria mostrar ao mundo que ali estava uma Nova Alemanha – não a Velha Alemanha nazista".

Ladany foi testemunha de uma cena cinematográfica. Aquartelado numa sala escura da Vila Olímpica, em companhia de colegas da delegação israelense, viu quando os terroristas conduziam os atletas seqüestrados para os helicópteros que os levariam para o aeroporto. Ao lado de Ladany, um atleta que fora participar das competições de tiro ao alvo fez uma confidência.

"Vi os terroristas no momento em que eles chegaram ao centro da Vila Olímpica. As luzes os focalizaram. Vi os nove reféns. Um estava amarrado ao outro. Ao meu lado, estava um colega da delegação israelense. Era atirador. O local onde estávamos era totalmente escuro. Meu companheiro disse: 'Oh! Sem problema algum, eu poderia atirar agora nos terroristas!'."

Ladany voltou para Israel no avião que conduzia os corpos dos atletas israelenses mortos nas Olimpíadas:

"A bordo do avião, eu pensava: como uma idéia tão bonita – um evento olímpico que deveria significar uma trégua e um momento de paz e alegria para todos – pôde se transformar no cenário de um massacre? É inacreditável".

O pesadelo de Munique voltou a ser notícia em todo o mundo com o lançamento do filme dirigido por Steven Spielberg. *Munique* descreve – com um ou outro toque de ficção – a operação secreta que Israel armou para eliminar, um a um, os terroristas palestinos que participaram do atentado.

Se convocado, o ex-atleta e ex-soldado Ladany teria participado da Operação Vingança? A resposta vem sem hesitação:

Calcula-se em **36** o número de execuções praticadas pelo serviço secreto de Israel para vingar a morte dos atletas em Munique

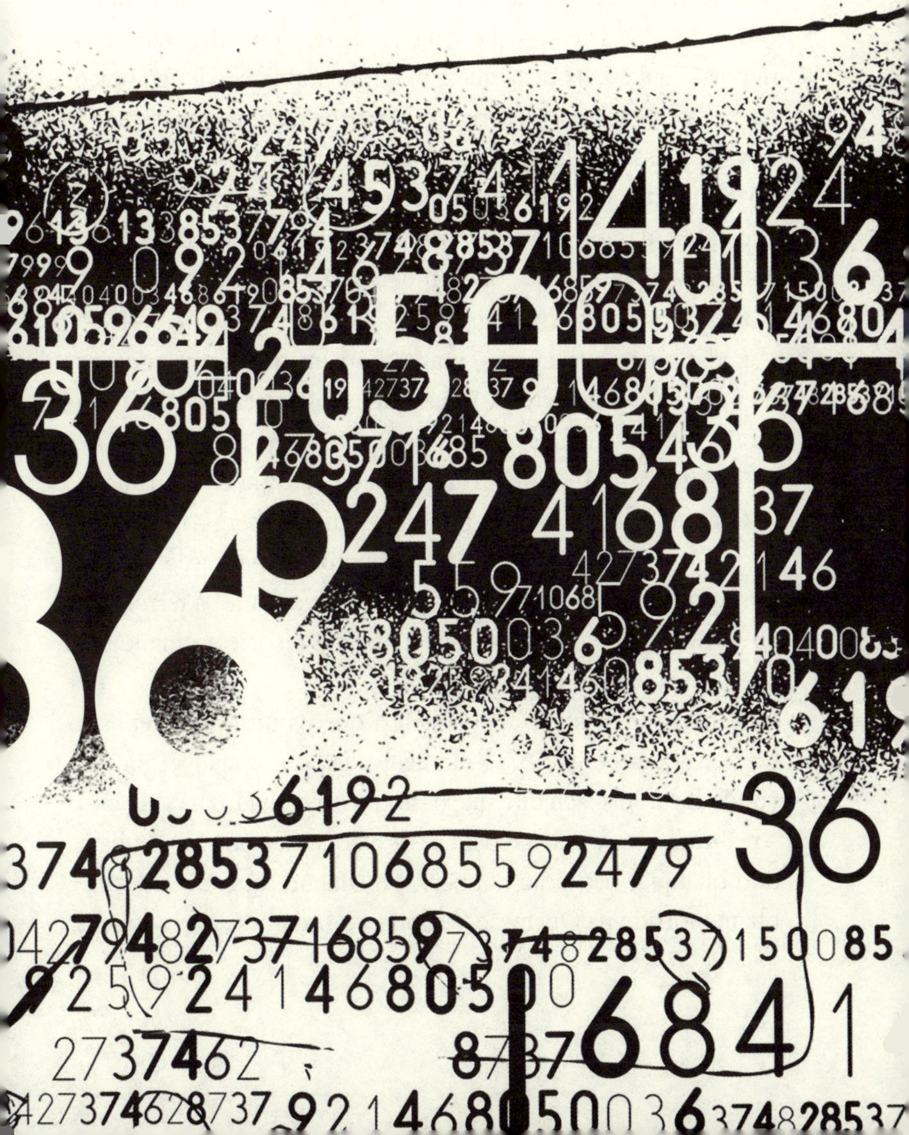

"Sim! Vou contar um fato: ali pelo final dos anos 70, li um pequeno artigo num jornal dizendo que um dos terroristas envolvidos no Massacre de Munique estava levando uma vida luxuosa no Líbano. Recortei a notícia. Em seguida, enviei o recorte para o Ministério de Defesa de Israel. A carta foi endereçada a Ezer Weisman – que viria a ser presidente de Israel anos depois. Eu disse na carta que, em minha opinião, o longo braço da justiça israelense deveria atingir aqueles que cometeram o terrível Massacre de Munique. Meses depois, recebi uma carta do Ministério da Defesa dizendo que minha carta tinha sido encaminhada aos canais apropriados. Não tenho ódio contra árabes, não tenho ódio contra muçulmanos. Mas quem comete atos terroristas deve ser punido".

Ladany não cita nomes, mas o homem tido como um dos mentores do Massacre de Munique, Ali Hassan Salameh, foi morto num atentado armado por agentes israelenses no dia 22 de janeiro de 1979, numa rua chamada Verdun, em Beirute.

O filme *Munique* – dirigido por Steven Spielberg – foi criticado em Israel porque mostrava momentos de hesitação vividos por agentes israelenses encarregados de executar os terroristas envolvidos no ataque aos atletas. Ladany recorre a uma lógica implacável para justificar a retaliação:

"Em primeiro lugar, não acredito que os terroristas tenham tido qualquer hesitação no momento de fazer o ataque. Em segundo lugar: não acredito que os agentes envolvidos na vingança – realizada para evitar a repetição de ataques terroristas – tenham tido qualquer hesitação também. Só lamento que inocentes tenham morrido na Operação Vingança". (Ladany se refere ao pior erro cometido pelos agentes israelenses: um jovem marroquino, chamado Achmed Bouchiki, foi morto com dez tiros à queima-roupa momentos depois de sair do cinema em companhia da mulher, grávida, no final da noite de sábado, 21 de julho de 1973, em Lillehammer, Noruega. Os agentes pensaram que ele era um dos terroristas de Munique. Bouchiki era inocente.)

Ladany revive o último encontro com a delegação israelense: horas antes do ataque terrorista, os atletas assistiram à encenação de *Um violinista no telhado*, peça baseada nas histórias de um autor israelense, Sholon Aleichem:

"Ali, 27 anos depois do fim da guerra, um elenco judaico encenava uma peça de autor judaico em solo alemão. Parecia um absurdo, porque eu ainda me lembrava da Alemanha da era nazista. O sentimento era de felicidade para todos nós. Tiramos fotos. Nem em nossos piores pesadelos imaginaríamos o que estava para acontecer horas depois".

"Recordo-me dos menores detalhes de Munique: parece que posso ver tudo de novo, como se tudo tivesse acontecido há poucos minutos. Há coisas em nossas vidas que são importantes demais para serem esquecidas."

O autor da mais completa investigação jornalística feita sobre o massacre, Aaron J. Klein, escreveu, no livro *Contra-ataque*, que os terroristas do Setembro Negro chegaram à Vila Olímpica "determinados a realizar um ataque sem precedentes, avassalador – um teatro de horrores que arderia na consciência coletiva mundial por gerações".

Conseguiram.

A tempestade veio quando menos se esperava: empenhada em transmitir ao mundo uma imagem de promotora da paz, a Alemanha queria que tudo acontecesse nas olimpíadas de Munique - tudo, menos uma tragédia envolvendo atletas judeus. Mas foi exatamente o que aconteceu.

viria a ser presidente de Is
ha opinião

hassan Sala
israelenses no dia 22 de jan

Confissões de um soldado nazista na solidão dos seus 85 anos: quatro demônios rondam a casa número 132

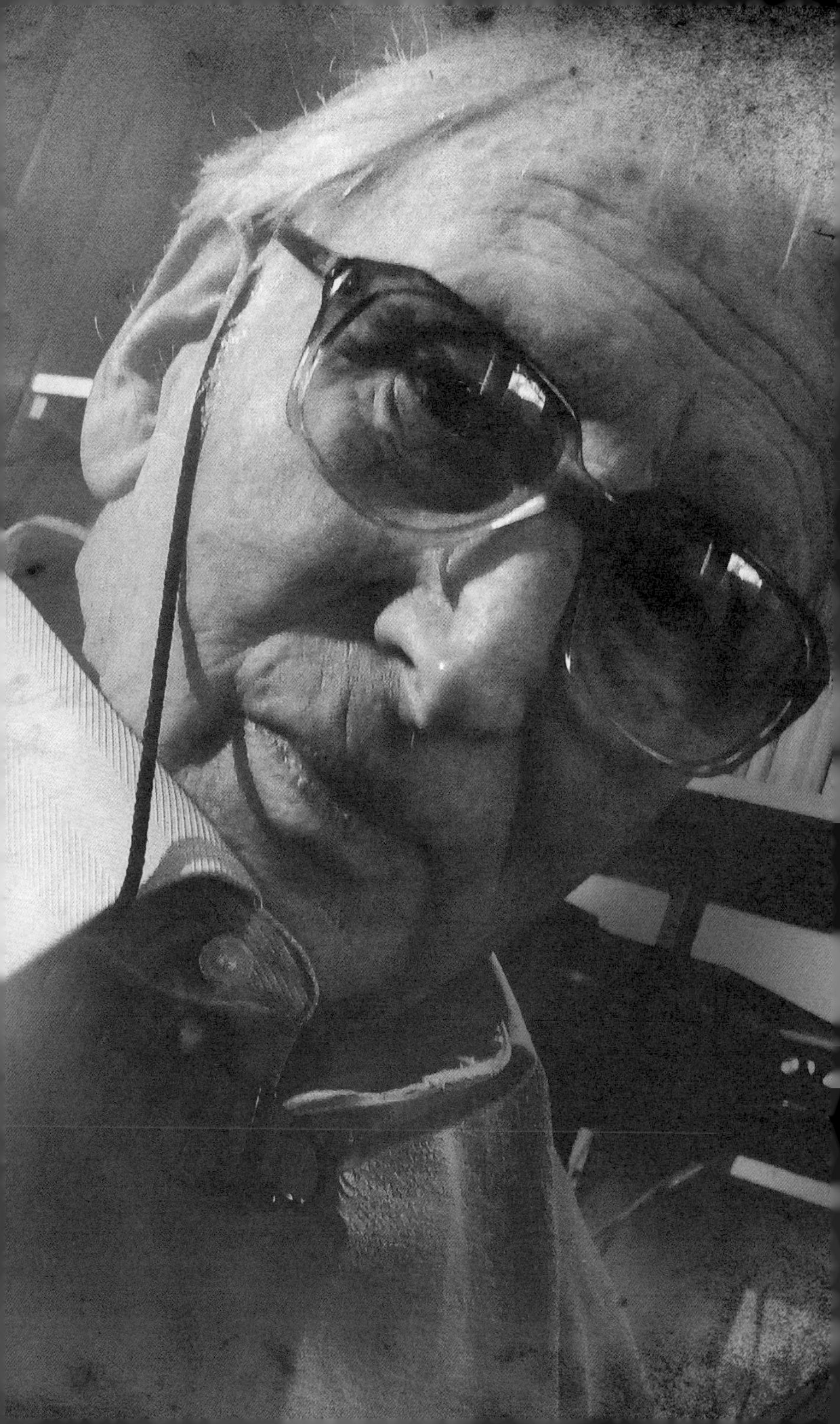

Henry Metelmann

GODALMING, INGLATERRA
Kurt Vonnegut chamava os repórteres de *voyeurs* da desgraça alheia. Bingo. Ah, o inconfessável apetite de repórteres por dramas, derrocadas, derrapagens, tragédias, desgraças, derrotas, arrependimentos; a íntima necessidade de vasculhar escombros, ruínas, destroços e estilhaços – físicos ou morais. Porque qualquer estagiário de jornalismo sabe que paisagens devastadas são um belo hábitat para personagens trágicos.

Provocados, eles emergirão da névoa em que se encontram para ditar suas confissões e exorcizar seus demônios diante de um repórter insistente. Henry Metelmann, o ex-soldado nazista que vai falar agora, é um representante clássico dessa tribo.

Ei-lo: morador da casa número 132 de uma rua sem movimento de uma cidadezinha do interior da Inglaterra, ele sabe que quatro demônios vivem permanentemente à espreita, lá fora. Bem que ele tenta se proteger, mas os visitantes indesejados arranham a porta dos fundos com suas patas, apertam a campainha nos horários mais improváveis, tentam entrar pela janela. Imperceptíveis, conseguirão se infiltrar na casa. Ocuparão cada cômodo. Tanto tempo depois, o morador sabe de cor os nomes de seus quatro demônios íntimos, os tais visitantes indesejados: "culpa, raiva, frustração e desapontamento".

Quando recebe a visita de algum forasteiro – quem sabe, um repórter de algum país distante –, o morador trata de apresentar logo seus quatro acompanhantes. Chama-os pelo nome: "culpa, raiva, frustração e desapontamento" – os quatro de sempre. Os quatro demônios irremovíveis que acompanham os dias solitários deste ex-soldado nazista.

O forasteiro não precisará de esforço para fazer Metelmann falar sobre o quarteto terrível: ele próprio tomará a iniciativa. Dirá que já se habituou a ver os quatro demônios se instalarem, invisíveis, entre ele e o visitante. É o que vai acontecer durante nossa entrevista.

Quando fiz o primeiro contato, por telefone, ele me confessou que não tinha nem um pouco de orgulho pelo que fez no passado. Mas aceitava falar porque queria transmitir às novas gerações as lições que aprendeu. Educado na Juventude Hitlerista, o jovem Metelmann diz que chorava de emoção ao ouvir Hitler. Não tinha a menor dúvida da superioridade da "raça alemã" sobre os outros povos – a escumalha que deveria ser varrida do planeta em nome da supremacia ariana.

Terminou se integrando à temida Divisão Panzer, a muralha de tanques que abria caminho para o avanço das tropas nazistas. Metelmann participou de uma operação militar monumental: a invasão da Rússia pelo exército alemão, às 3h15 da manhã do dia 22 de junho de 1941. Pensou que a profecia de Hitler iria se cumprir em pouco tempo: bastaria "chutar a porta" da Rússia para que a casa do bolchevismo caísse.

O comando militar nazista previra para agosto – ainda no verão – um desfile triunfal sobre Moscou. Mas a resistência implacável do Exército Vermelho, aliada ao rigor do inverno russo, mudou o traçado da história: o exército alemão experimentou uma derrota inédita. O mito de que os soldados de Hitler eram imbatíveis começou a ruir ali.

Metelmann terminaria a guerra como prisioneiro dos americanos. Enviado para os Estados Unidos, viu, pela primeira vez na vida, um negro. Confessa que achou um absurdo que ele, um soldado alemão branco, fosse vigiado por um americano negro. Liberto, desistiu de viver na Alemanha semidestruída. Preferiu se radicar na Inglaterra. Hoje, chama de "absurda", "idiota" e "estúpida" a idéia de superioridade de um povo sobre outro. Diz-se livre da obsessão racista.

Agora, são 2 da tarde. Um vulto passa por trás da cortina. Da rua, é possível vislumbrar a figura de um homem magro e grisalho. O velho soldado aparece na porta para nos receber.

Se pudesse, Henry Metelmann responderia "sim" à pergunta que Charles Baudelaire fez num poema: "Oh, podemos banir o remorso num porto?". Mas ele sabe que não conseguirá mandar o remorso para longe. O remédio? Conviver com os quatro fantasmas que lhe fazem escolta.

Metelmann é uma exceção na lei do silêncio que se abate sobre soldados nazistas que cometeram atrocidades. Enquanto outros veteranos preferem jogar para baixo do tapete a lembrança de horrores perpetrados em nome da obsessão hitlerista, Metelmann levanta a voz para dizer que cometeu, sim, atrocidades, em nome de um ideal absurdo: o delírio de que um povo puro, "eleito por Deus", iria dominar a terra.

O velho soldado fala, com chocante naturalidade, sobre a superioridade alemã: se os outros povos eram inferiores, teriam de ser subjugados. A guerra? Era apenas uma maneira de "tirar o lixo" do caminho da Alemanha superpoderosa. O "lixo" eram os outros países, ervas daninhas que só atrapalhavam o florescimento da super-raça.

A história dos heróis já se conhece. Mas o que é que passa pela cabeça de um soldado que participava da linha de frente do exército de Hitler? O que é que sobra, depois de tanto horror, tanto sangue, tanta destruição, tanta violência, tanta iniquidade, cometida em nome de um tirano?

Os olhos azuis do homem que nos recebe na porta de casa já exibem aquela transparência que o peso da idade traz. As pernas são arqueadas. O velho soldado se senta na sala, diante de um cartaz com a palavra "*Peace*", presente da filha. Viúvo, pai de um casal de filhos que já saíram de casa, Metelmann dá sinais de solidão. Fica impaciente porque uma vizinha ainda não apareceu para servir o chá aos visitantes. "Já são 3 horas. Tenho certeza de que ela chegará a qualquer momento", repete, ansioso. A vizinha finalmente aparece.

(Eu, repórter, confesso, na primeira pessoa do singular, diante deste imaginário tribunal: sempre tive vontade de interrogar um soldado nazista. Se um dia tivesse a chance, não faria uma entrevista. Faria um interrogatório, palavra apropriada ao personagem. O problema é que veteranos de guerra nazistas fazem, quase sempre, a opção preferencial pelo silêncio. Por que se expor ao escárnio? Por que justificar o injustificável? Eu imaginava o cenário: um veterano de guerra, octogenário, já pressentindo o blecaute final, expõe seus mais íntimos fantasmas a um repórter forasteiro que o procura, no meio da tarde, num casarão de uma rua deserta numa cidade obscura da Baviera, o berço do delírio hitlerista.

A insistência foi premiada. A cena - imaginada – aconteceu, não numa cidadezinha da Baviera, mas no interior da Inglaterra. Desembarco com o cinegrafista Paulo Pimentel numa cidade que fica no meio do nada: Godalming. É lá que esse ex-integrante da temidíssima Divisão Panzer se esconde do mundo. A fantasia de um dia dirigir a palavra a um nazista pode ter nascido, quem sabe, numa sessão no Cinema da Torre, no Recife, quando eu tinha 12, 13 anos. Eu me lembro de ter visto a platéia em peso torcendo por Steve McQueen, enquanto ele, a toda velocidade, a bordo de uma motocicleta, tentava escapar dos soldados alemães no filme Fugindo do inferno (The Great Escape). *A platéia batia palmas e gritava. O* incentivo não deu certo. Recapturado, Steve McQueen voltou para a solitária. O filme durava quase três horas. Vi três sessões, em três dias seguidos. Quase nove horas no cinema. Três décadas depois, eu teria a chance de entrevistar, na Inglaterra, um dos prisioneiros que, na vida real, tentou escapar do campo de Stalag Luft, aventura que inspirou o filme estrelado por McQueen. O ex-prisioneiro, um tcheco, reclamou que a versão hollywoodiana da saga deu um destaque exagerado ao papel dos americanos na tentativa de fuga. A História é contada pelos vencedores.)

Começa a gravação.

O que se publica, aqui, é a íntegra do que disse Metelmann, sem qualquer corte: o canto do ex-soldado que, hoje, vive sozinho, às voltas com seus quatro fantasmas.

O que foi pior para o senhor: o desapontamento, a raiva ou a frustração?

Tudo. Raiva, frustração, desapontamento: tudo misturado. Se eu tentasse agora definir exatamente o que é pior, diria que todas essas coisas se aplicam à situação. Eu estava desapontado, eu estava frustrado, eu estava com raiva, eu estava vencido. Tomara que ninguém vindo da classe trabalhadora como eu – seja inglês, alemão, francês, americano ou russo – jamais precise morrer por algo assim. Porque é uma bobagem morrer por um país. Em vez de morrer por um país, o que se deve fazer é lutar pela humanidade.

O que é que Hitler representava para o senhor?

"Não me orgulho do meu passado." Assim o ex-soldado nazista reagiu à primeira abordagem.

Nasci durante a chamada República de Weimar. (*Assim foi chamado o regime parlamentarista adotado pela Alemanha depois da Primeira Guerra Mundial.*) Eu me lembro: em 1933, tivemos um novo governo, liderado por Adolf Hitler, nome indicado pelo presidente Von Hindenburg para o posto de primeiro-ministro, um cargo poderoso. Quando Hitler subiu ao poder, eu tinha apenas 10 anos de idade. Não podia, claro, entender a situação. Mas, depois, li muito sobre o que aconteceu na Alemanha antes de Hitler assumir o poder.

Éramos treinados para apoiar o regime hitlerista. Vi Hitler quando ele era primeiro-ministro, em comícios em Hamburgo e em outros lugares – uma coisa maravilhosa. Eu me sentia ligado a ele.

Tudo o que me foi ensinado na Juventude Hitlerista e na escola dizia que eu pertencia a uma das maiores nações da Terra: a alemã. Hitler era nosso líder. Para mim, ele era uma espécie de segundo Deus. Eu poderia morrer por ele!

Que idiotice! Eu não queria morrer, mas dizia para meus amigos: "Posso morrer por esse homem!". Ouvia os discursos que Hitler fazia. Quando vi Hitler pela primeira vez, em Hamburgo, devo dizer que fiquei desapontado, porque ele era baixo. Pensei que ele era grande e forte, mas ele não era. Tinha um rosto sério. Não se via riso ao redor de Hitler. Assim era ele.

Eu sabia que ele tinha vindo da Áustria. Hitler nasceu do outro lado da fronteira com a Alemanha, em Braunau am Inn, às margens do rio Inn. Depois, aceitou a nacionalidade alemã. Mas, quando se tornou primeiro-ministro, não tinha nem a nacionalidade! Era austríaco. Lá estava ele: um austríaco era o grande líder da Alemanha...

A Alemanha de Hitler estava tentando dominar o mundo. O senhor, como soldado do exército alemão, se sentia superior aos outros povos?

Não se deve esquecer que cresci na Juventude Hitlerista! Aprendi na escola que nós, a Alemanha, éramos o maior país do mundo. Devo admitir que eu acreditava que era verdade. Depois, quando me tornei um soldado, achava que era um ser humano superior, em comparação com todos os outros. Éramos a raça ariana! Os russos, os poloneses, os povos eslavos eram raças inferiores. Por essa razão, éramos superiores.

Também entendíamos que nosso papel era conquistar a Europa. Afinal, precisávamos conquistar primeiro a Europa para, depois, conquistar o mundo. Eu apoiava inteiramente essa idéia! Pensava que ela era certa. Tínhamos essa obrigação, porque éramos um povo superior. Nossa missão, portanto, era impor nossa vontade às outras nações. Se as outras nações não acreditassem nessa idéia, teríamos de forçá-las. Era esse o motivo de nossa brutalidade na guerra.

Se era assim, eu achava que tínhamos o direito de invadir a Rússia. Para minha vergonha, tenho de admitir, hoje, que pensar que tínhamos o direito de conquistar outro país é uma estupidez.

Durante o avanço sobre Stalingrado, eu, como soldado, ainda acreditava nessas idéias todas. Tive as primeiras dúvidas, no entanto, quando me vi com o nariz na neve e na lama, em Stalingrado. Ali, comecei a me perguntar: "O que diabos estou fazendo aqui?". Porque, até então, gritava-se que morrer pela Alemanha, morrer por Hitler, era uma grande coisa! Mas passei

"Hitler era nosso líder. Para mim, ele era uma espécie de segundo Deus. Eu poderia morrer por ele!"

a me perguntar: "O que é, afinal, morrer por um país?" Eu só tinha uma vida! Queria viver! Não queria morrer!

De qualquer maneira, como soldado, fiz o que achava que era minha obrigação. Batalhei duro; lutei na Divisão Panzer. De início, o que eu sentia, na verdade, era orgulho, porque a Divisão Panzer era uma força superior da Wehrmacht (palavra que significa "força de defesa", o que eu considerava uma piada...).

Éramos, no início, muito poderosos na Divisão Panzer. Mas o inverno russo mudou o quadro. Tivemos de encarar a realidade. Aos poucos, os russos é que foram resolvendo a situação, sob as ordens do marechal Zukov. Resultado: fomos derrotados e levados a recuar. Mas meu pensamento original era, sim, que não apenas queríamos conquistar o mundo, mas tínhamos esse direito, como uma espécie de povo escolhido por Deus.

O senhor considerava, então, que todos os outros países eram inferiores?

Já que víamos as outras raças como inferiores em relação à nossa, achávamos que os outros tinham habilidades e pensamentos limitados. Invadir a Rússia era, para nós, uma boa coisa a ser feita, assim como a Polônia. Nós já tínhamos, antes, batido a França e ocupado a Noruega, Dinamarca, Holanda, Bélgica, Luxemburgo, Grécia, Iugoslávia... Ou seja: tínhamos ocupado praticamente toda a Europa – a principal condição para ocupar a Rússia.

A visão de Hitler era que, ao chegarmos à Rússia, bastaria chutar a porta. A casa inteira do comunismo cairia! Acreditávamos que ia ser assim! Mas, quando estávamos em plena ba-

Hitler chamou a invasão de "a maior movimentação militar de todos os tempos".

3.000.000

de soldados alemães avançaram sobre a Rússia.

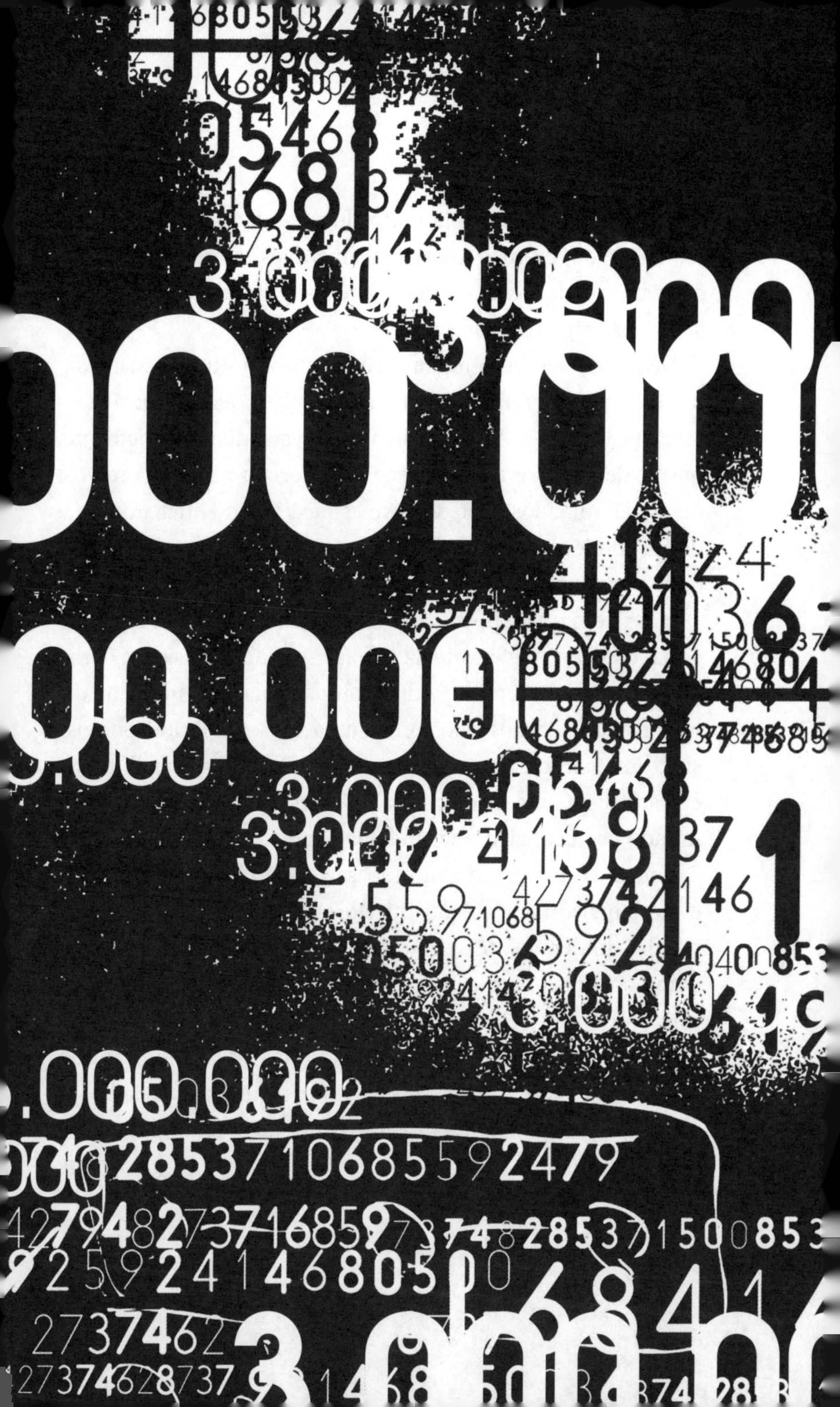

talha, em Stalingrado e em outros lugares, vi que alguma coisa estava errada. Éramos realmente superiores? O que era, afinal, a superioridade alemã? O que era ter sangue alemão em nossas veias? Não significa nada!

Naqueles dias, eu acreditava não apenas na superioridade da raça germânica como um todo, mas também na superioridade específica do soldado germânico. Como acreditava firmemente que a Alemanha era uma nação superior, eu nos via como os melhores soldados. Não se deve esquecer que Hitler uma vez disse: "Onde um soldado alemão põe o pé, nenhum outro soldado pode pisar!".

Hoje, com quase 85 anos de idade, depois de aprender tanta coisa, entendo que essa idéia não faz sentido. Considero completamente sem sentido toda a propaganda que me vem do lado alemão. Porque não somos uma nação superior! Somos, sim, uma nação como todas as outras. Devemos trabalhar pacificamente, como os outros países. É esse o caminho para um mundo pacífico, algo que ainda não atingimos.

Todas as pessoas do mundo são tão boas – e tão más – e tão superiores – ou tão inferiores – quanto nós. Na Alemanha, podemos até ser superiores em certas coisas, assim como acontece com a Inglaterra, a França, a Itália ou qualquer outro país. Os brasileiros podem ser superiores em algumas coisas em que não somos tão bons. Mas acreditar que uma raça ou uma nação é superior às outras é, hoje, para mim, que sou um homem velho, uma idéia completamente sem sentido!

Que impressão pessoal o senhor teve de Hitler e de Hermann Goering, quando os viu pela primeira vez?

Eu me lembro de ter visto Adolf Hitler em Hamburgo, no lançamento do navio de guerra *Bismarck*. Creio que Hitler chegou de trem. Desfilou em marcha lenta, a bordo de um belo Mercedes preto, até as docas. Hitler estava de pé dentro no carro. Ao lado, estava o almirante que era o chefe fascista da Hungria. Eu era membro da Juventude Hitlerista.

Havia árvores no caminho por onde Hitler passaria. Eu me lembro: nosso grupo achou que, se a gente subisse nas árvores – que não eram tão altas – poderia ver Hitler melhor na hora em que a comitiva passasse diante de nós. Soldados da SS nos observavam. Todos subimos. Com o peso, os galhos penderam para a rua. A árvore não causaria qualquer problema à passagem da comitiva, mas os soldados preferiram pedir que o carro de Hitler parasse.

Quando cheguei em casa, disse ao meu pai que tinha ficado a poucos passos de Hitler! Meu pai, então, disse: "Ah, que chance...".

Ou seja: ele quis dizer que eu poderia facilmente ter jogado uma granada de mão dentro do carro, para nos livrar do Führer! Meu pai não usou essas palavras. Apenas disse: "Ah, que chance...". Mas entendi assim.

Vi Goering também, no verão de 1939, no porto de Hamburgo, na volta da chamada "Legião Condon" – que fez coisas horríveis na Guerra Civil Espanhola, em apoio ao general Franco. *(Segundo homem na hierarquia do III Reich, Goering comandava a Força Aérea.)* Tive o privilégio de ver ambos.

"Hermann Goering exalava perfume. Tinha anéis nos dedos, o que não era muito militar..."

Lá estávamos nós, como parte da Juventude Hitlerista. De repente, Hermann Goering desce do carro, próximo de onde estávamos formados. Fiquei observando quando ele caminhou bem em frente ao nosso grupo. Goering pôs as mãos na cabeça de alguns de nós. Depois, colegas meus disseram que ele exalava perfume. Ora, para nós, um soldado não deve cheirar a perfume... Além disso, Goering tinha anéis nos dedos, o que não era muito militar... Mas ele nos pareceu amigável.

Para dizer a verdade, ficamos felizes porque Goering veio nos ver e falar conosco. Era considerado o número dois da hierarquia de Hitler. Assim, vi essas duas "grandes" (*aqui, Metelmann desenha aspas no ar*) figuras da Alemanha: Adolf Hitler e Hermann Goering.

Qual foi a cena mais dramática que o senhor testemunhou na Polônia ocupada pelo exército de Hitler?

A Polônia foi ocupada pelo exército alemão em 1939, antes de eu me tornar soldado – o que aconteceu em 1941. Mas, quando estávamos nos deslocando de trem para a invasão da Rússia, em 1941, passamos pela Polônia. Nosso trem era lento, porque havia outros trens, que transportavam para a Rússia não apenas munição, mas todo tipo de material militar vindo da Alemanha.

Quando estávamos na Polônia, nosso trem fez uma parada. Em seguida outro trem parou ao lado do nosso. Logo notamos que havia gente dentro dos vagões. Hoje, sei que eram judeus, mas, na época, não sabia. Os vagões tinham janelas altas. Mulheres que estendiam as mãos para fora dos vagões diziam: "Soldado alemão, você tem pão?". Não tínhamos. Nenhum de nós tinha. Não demos nada a elas. Guardas da SS – que vigiavam os vagões lotados de mulheres e velhos – vieram até o lugar onde estávamos. Um de nós perguntou: "Querem pão. Não se pode dar a elas alguma coisa para comer?".

O SS nos disse: "Que vão para o inferno! São uns judeus danados! Já tiveram o que comer, há alguns dias". É tudo o que eu soube sobre eles.

De alguma maneira, ficamos perturbados. Porque alguns de nós – eu, inclusive – acreditávamos que, como soldados, poderíamos ir para outro país para lutar no *front*, como fizemos na Divisão Panzer. Mas não caiu bem ver aquela gente em vagões: eram judeus, que, totalmente sem defesa, não tinham sequer permissão para receber algo para comer. Ficamos quietos. Perguntávamos a nós mesmos: "O que diabos estamos fazendo?". Mas era a nossa posição. Quando se é um jovem soldado, a gente se esquece daquilo de que não gosta. Esquecemos. Seguimos adiante, rumo à Rússia, para combater os russos.

Qual é, então, a lembrança mais dolorosa que o senhor guarda da invasão da Rússia?

A lembrança mais dolorosa que tenho é do ponto de vista humano. Eu tinha sido preparado para combater soldados russos. Achava que estava agindo certo. Mas nunca tinha pensado numa coisa: a população civil também se envolve!

Nunca tinha pensado, mas foi o que aconteceu quando avançávamos sobre a Rússia. Estávamos em nosso tanque quando um colega disse: "Olhe, maçãs!". Tínhamos chegado a uma espécie de sítio. Eu estava guiando o tanque. Desci, então, para colher maçãs para nós. Nesse momento, vi uma mulher debruçada sobre uma menina que deveria ter uns 12 anos. Tinha sido atingida por um disparo. O sangue saía da ferida aberta no corpo da menina. Pensei: "Não posso fazer nada". Eu não tinha treinamento médico, nada. Fiquei em pé, ali, com uma caixa nas mãos, para pegar maçãs.

A mulher – a mãe da menina – levantou-se, olhou para mim e disse: "Veja só o que vocês fizeram! A menina estava vindo para dar as boas-vindas a vocês, soldados! O que ela estava trazendo para vocês era pão e sal – que é um sinal de boas-vindas. E vocês a mataram!" Eu me lembro de que a menina ainda estava respirando. Aquele momento foi terrível. Não fui capaz de pegar as maçãs.

Voltei para o tanque. Um dos meus colegas perguntou: "Cadê as maçãs?". Eu disse: "Acabei de ter uma experiência terrível. Nós matamos uma menina! Ela está ali, no chão. Não podemos fazer nada!".

Meu colega disse: "Ah... Não importa! É somente uma russa.". Vivi, ali, uma das mais dolorosas experiências que tive quando estávamos invadindo a União Soviética.

Um soldado russo disse ao senhor, momentos antes de ser executado: "Você pode matar pessoas, mas não pode matar idéias". Hoje, o senhor concorda com esta frase?

Concordo. O que aconteceu comigo foi que, durante o avanço rumo a Stalingrado, fui levado a um hospital depois de ter sido ferido. Lá, fui considerado sem condições de me integrar

"O prisioneiro russo diz ao soldado nazista, horas antes de ser executado: "Você pode fazer qualquer coisa. Pode matar. Pode destruir. Pode causar mal. Mas não pode matar idéias!".

a uma unidade de combate. Fiquei, então, tomando conta de prisioneiros russos num campo – que era cruel. Os presos tinham pouco o que comer. Numa parte do campo, estavam os mais inteligentes – os comunistas.

Conheci bem um dos prisioneiros, porque fui encarregado de vigiar, à noite, a área em que ele estava. Chamava-se Bóris. Era tenente. Aprendi tudo sobre ele, porque ele me contou. Eu ouvia, porque era entediante ficar de pé, ali, à noite, preocupado em tomar conta de prisioneiros russos.

Eu sabia que todos seriam executados, porque eram prisioneiros políticos. Estava de guarda naquela que seria a última madrugada de vida de Bóris. Eram cerca de 4 da manhã. Pouco depois, às 6, ele seria fuzilado por tropas especiais alemãs encarregadas de cumprir as execuções. Eu não sabia se Bóris tinha consciência de que seria executado logo depois. De qualquer maneira, eu não diria a ele, porque eu gostava de Bóris. Parecia um homem bom. Era sincero.

O que eu disse a ele foi: "Ah, Bóris, você deve admitir que a palavra revolução não faz sentido! Vocês, comunistas, não vão vencer nunca!".

E ele: "Henry, de um lado você não é estúpido. Mas – de outro – você é estúpido, sim. Porque não aprendeu nada com a vida. Você é escravo das fábricas de armamentos alemãs! Você não entende!".

Eu estava em pé, com o meu rifle. Bóris falava: "A revolução internacional um dia virá. Pode demorar anos. Pode não vir de nós. Mas virá do povo oprimido de tantos países, os trabalhadores. Um dia, pode demorar, mas eles se unirão contra o poder do capital – que é simbolizado pelos americanos, porque têm dinheiro. Você não pode fazer nada para evitar!".

Fiquei com raiva. Mas pensei: "Eu sei, Bóris, que você será morto dentro de poucas horas. Não quero discutir com você". Virei-me e fui me afastando. Pensei: "Vai ser executado. Não posso fazer nada". Eu estava triste, porque aprendi a apreciar aquele prisioneiro como ser humano.

Enquanto eu me afastava, ele apontou para o meu rifle: "Você pode fazer qualquer coisa! Pode matar muitos de nós, russos. Pode destruir! Pode causar mal! Mas não pode matar idéias! E a idéia é esta: gente comum vai se unir sob o comunismo! Porque o comunismo acredita que a Terra pertence a nós todos – e não apenas aos ricos. A Terra não deve ficar em mãos privadas".

Ainda respondi: "Não posso entender!". Eu estava impregnado de minhas idéias nazistas. Fui embora. Mas ele repetiu: "Você pode fazer mal com este rifle! Mas não pode atingir as idéias. E essas idéias vencerão, não importa quanto demore!".

O senhor participou da execução de prisioneiros russos. Em algum momento, sentiu piedade? Ou tinha certeza de que estava apenas cumprindo ordens?

Participei da execução de Bóris e de outros prisioneiros – que foram fuzilados. Ouvi os tiros. De fato fiquei triste por ele. Porque achei que ali estava um ser humano decente.

Todos eram fuzilados no mesmo lugar: num muro, numa vila russa. Vi o esquadrão de fuzilamento voltando do lugar para onde Bóris tinha sido levado. Fui para lá. Cruzei com guardas da SS – que ficaram olhando para mim, como se me perguntassem: "O que é você vai fazer lá?". Mas fui.

Eu estava sentindo pena de Bóris. Mas devo dizer que também não achava que as execuções fossem exatamente erradas. Eu pensava na superioridade dos alemães. Era nossa obrigação limpar o lixo do mundo. Era esse o motivo de estarmos fazendo aquelas coisas. Meu pensamento não ia além, porque minha educação nazista, tanto na Juventude Hitlerista quando na escola, era assim.

Fui para o lugar das execuções. Vi outros prisioneiros russos jogando terra sobre os que tinham sido mortos. Logo reconheci o corpo de Bóris. Havia terra sobre o corpo – e sangue. Tinham lhe tirado as botas. Os prisioneiros russos me olharam com ódio e com medo. Eu não podia fazer nada. Fiquei ali, em pé.

Eu sabia que Bóris tinha uma gaita. Como eu gostaria de ficar com a gaita que ele tocava na prisão, perguntei, então, aos prisioneiros russos: "Vocês viram se ele tinha uma gaita no bolso?". Não disseram nada.

Pensei: eu ia roubar um morto, algo que eu não queria fazer. O que eu queria era apenas guardar aquela gaita comigo. Mas não a peguei. Terminei indo embora, com um sentimento de tristeza. Porque éramos, no fim das contas, seres humanos.

Eu já estava há tempos na Rússia. Gostei do povo russo. Se você se aproxima do russo de uma maneira apropriada, vai ver que eles são um povo bom. Por que iríamos matá-los? Só porque eram russos e vestiam uniformes diferentes dos nossos?

A educação que eu tinha recebido não me deixava enxergar o que estava errado. Mas tive, ali, a sensação de que aquilo não estava completamente certo.

O ataque da Alemanha de Hitler contra a Rússia foi devastador: em apenas seis dias, o exército alemão já tinha avançado

650km

sobre o território russo.

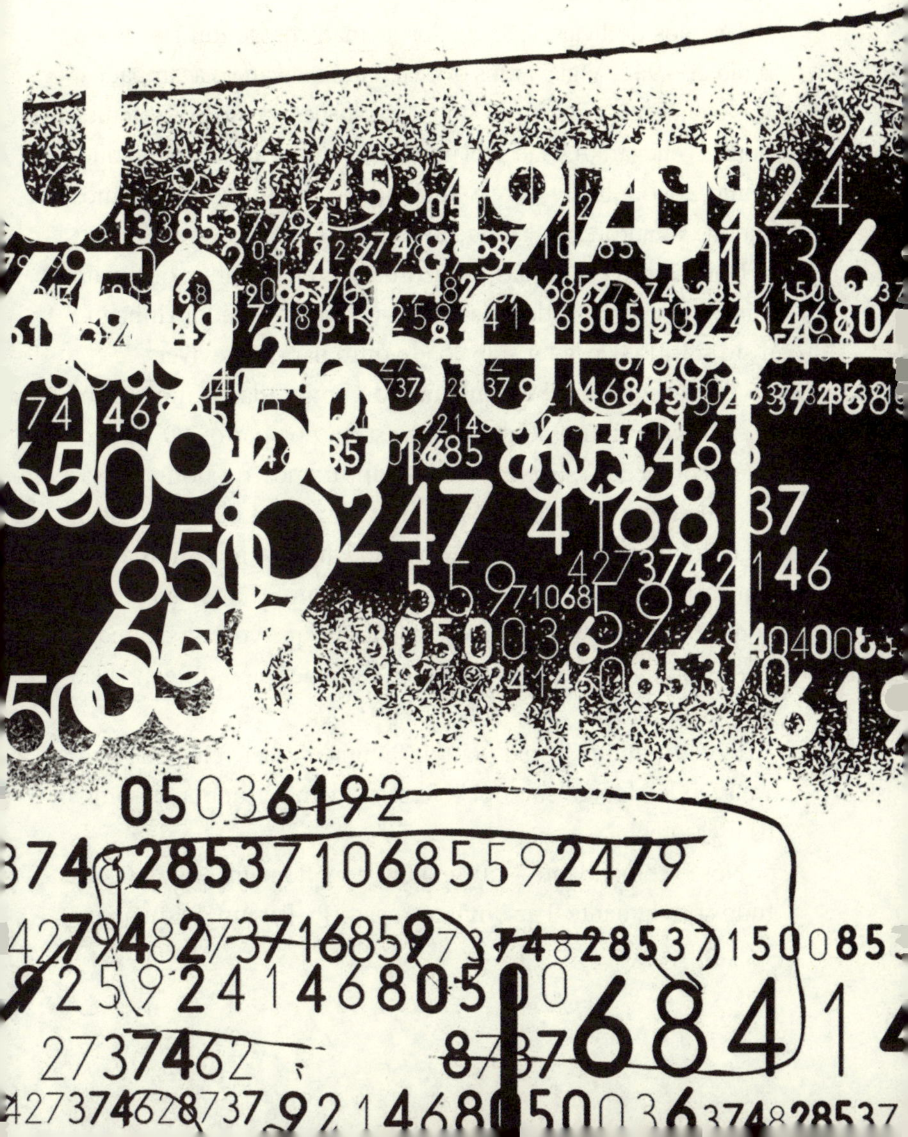
05036192
37482853710685592479

Qual foi a pior ofensa que o senhor ouviu como soldado do exército de Hitler?

Durante nosso avanço rumo a Stalingrado, no Sexto Exército, comandado pelo general Friedrich Paulus, houve um problema de falta de combustível.

Tivemos de ficar estacionados às margens de um rio. Era o verão de 1942. Vigiávamos o local onde estávamos acampados. Mas aconteceu um ataque: houve explosões quando os veículos alemães chegaram. Não sabíamos quem tinha armado o ataque. Como, logo adiante, havia uma cidade, tudo o que sabíamos era que os autores do ataque deveriam ser de lá.

Dormíamos em tendas. Ao acordar, vi uma mulher, que, para mim, parecia velha: deveria ter uns 60 anos de idade. Tinha um rosto sofrido. Deve ter trabalhado duro para sobreviver.

As mãos da mulher tinham sido amarradas a uma árvore. Perguntei a um soldado que estava por perto: "O que foi que aconteceu?". E ele: "Nós a capturamos na noite passada, quando ela se preparava para enterrar minas". Ou seja: quando um tanque de nossa Divisão Panzer, um caminhão ou um carro alemão passassem, explodiriam. Eu disse a ela algo como "Ah, bom, pegamos você! Como é que você se chama?". Ela respondeu: "Celina". E eu: "Celina de quê?". E ela: "Não vou dizer nada!".

Fiquei com raiva, mas pensei: "É uma mulher velha que estava fazendo alguma coisa pela Rússia. Além de tudo, nós somos os invasores".

Nosso comandante – que era um bom homem – queria fazer tudo corretamente. Fez um interrogatório. Perguntou quem era "uma mulher corajosa: Sozinha, diante de nós, soldados fortes, ela disse: 'Vocês são uns porcos nazistas!'."

culpado e quem não era. Logo se chegou à conclusão de que aquela mulher teria de morrer, porque estava enterrando minas que explodiriam quando os veículos alemães passassem.

Nossos soldados pegaram, então, a corda para que ela pudesse ser executada. Fiquei sentado na grama. O dia era bonito. O comando veio. Um soldado disse a Celina: "Você vai morrer. É nossa missão". Fazia-se, ali, uma espécie de sessão de tribunal. Mas era um julgamento em que só havia um lado.

Alguém perguntou a ela: "Você tem um último desejo?". A mulher bebeu um pouco d'água. Não havia o que comer. Caminhou até a margem do rio. Olhou para as águas e disse algo como: "Adeus, Mius". Era o nome do rio. Disse algo sobre o fato de ter nascido ali, ter levado uma vida boa naquele lugar. Em seguida, ela disse: "Estou pronta" – um gesto que achei muito corajoso.

A mulher não quis comida. Os soldados puseram, então, caixas de munição embaixo de uma corda que estava pendurada. Funcionava assim: o prisioneiro teria de ficar em pé, em cima das caixas, com uma corda amarrada ao pescoço. Um soldado, então, chutava as caixas. O prisioneiro caía, enforcado.

Celina era baixa. Não quis ajuda de ninguém. Um soldado alto a ajudou a subir nas caixas, mas ela não gostou de ter recebido ajuda. O soldado já estava a ponto de chutar as caixas quando ela disse: "Porcos alemães! Vocês vieram aqui ocupar o nosso país. Longa vida à Revolução! Longa vida a Lênin! Vocês são porcos! Espero que percam a guerra!".

O soldado chutou a caixa. Celina caiu e morreu. Nosso comandante disse: "Livrem-se do corpo. Enterrem-no". O corpo foi levado para a margem do rio. Cavou-se uma cova rasa. Não queríamos cavar uma cova funda, porque daria trabalho. A cova era funda o suficiente apenas para que o corpo da mulher fosse deixado ali.

Alguém perguntou: "Vamos deixar alguma coisa com o corpo?". Eu disse: "Deixem a corda na cova. Quando alguém da cidade chegar, vai tentar descobrir como é que Celina morreu. Se deixarmos a corda, vão saber que ela foi enforcada".

Logo depois, um soldado jogou terra na cova. Fiquei pensando: "Celina era uma mulher muito corajosa. Sozinha, diante de nós, soldados fortes, disse: 'Vocês são uns porcos nazistas!'. Pensei comigo: "Isso foi um gesto de coragem, Celina. Não importa de que lado as idéias estejam. Não importa. Você teve coragem".

Se o senhor tivesse a chance de se encontrar hoje com os filhos ou os netos de um desses prisioneiros que foram executados, o senhor pediria perdão a eles?

Nunca tive a chance de encontrar gente que tenha tido parentes mortos. Nunca tive essa experiência. Mas hoje – que sou velho – com certeza eu me aproximaria para dizer quanto sinto e quanto estávamos errados. Aquilo foi errado! Aquilo foi um crime! Hoje, eu diria essas coisas. Não sei se as diria em meus dias de soldado – talvez não.

Tive uma experiência maravilhosa, três anos atrás, quando fui convidado pelo Imperial War Museum e pela embaixada da Rússia para uma exposição em Londres.

Havia convidados vindos da Rússia. Duas mulheres – na fai-

Hitler imaginou que a vitória sobre os soviéticos seria rápida. O comando militar alemão previa que, apenas dois meses depois do início da invasão, os nazistas fariam uma marcha triunfal sobre Moscou.

meses

2

meses

xa dos 60 anos – eram filhas do marechal russo Zukov. Nós três nos tornamos amigos. Recebi, não faz muito tempo, cartões de natal de Moscou.

Disseram-me que o marechal Zukov levou as filhas a um campo de batalha, para mostrar a elas, na retaguarda, o que é que as forças russas estavam fazendo para expulsar os alemães da "terra-mãe".

Participei do combate contra os russos. Nós, alemães, estávamos batendo em retirada, porque sabíamos que os russos ficariam furiosos se nos capturassem e vissem o que tínhamos feito: tínhamos incendiado vilas e destruído cidades. Não sairíamos vivos dali – era o que pensávamos.

A única maneira de sair daquele inferno era manter a coesão de nosso exército. Ou seja: nós, alemães, nos unirmos para tentar sair. Creio que essa foi uma das razões por que lutamos como demônios na Rússia: não queríamos ser capturados.

Hoje, não sei se os russos teriam nos matado ou não. Mas posso entender a situação em que eles se encontravam: afinal, nós, alemães, é que éramos os invasores. Tínhamos ocupado um país! Além de tudo, matamos gente, matamos soldados. Éramos duros, difíceis. Pensávamos que tínhamos esse direito. Hoje, lamento.

O senhor pediria que o perdoassem?

Se houvesse oportunidade, eu pediria a eles que me perdoassem. Mas nunca encontrei exatamente gente que soubesse que eu era parte de uma máquina de matar, o exército alemão. Mas eu pediria a todo o povo russo e a toda a nação russa: por favor, tentem entender o que fizemos. Porque havia razões profundas para tal.

Uma razão: a Alemanha vivia uma crise econômica. Havia duas opções: ou a Alemanha implodiria ou a Alemanha explodiria. Se o país tivesse implodido, teria havido uma revolução germânica em seguida à revolução soviética de 1917. A explosão foi a conquista de outros países. Nossos comerciantes de armas, proprietários de terra e militares queriam que a gente agisse assim.

O senhor diz que foi educado para ser racista. Quando é que abandonou esta idéia?

Cresci na Juventude Hitlerista como um racista e um nacionalista. Acreditava que nossa raça era superior. Por um longo tempo, acreditei nisso. As primeiras dúvidas surgiram quando avançávamos sobre a Rússia. Estávamos vencendo! Estávamos fazendo os russos recuarem! Queríamos provocar destruição: nossa idéia era essa.

Achávamos que os russos não eram bons soldados, não iriam nos combater. Perderiam a guerra. Somente depois é que entendemos o que os russos fizeram. Os russos foram espertos quando decidiram nos atrair, porque, na verdade, estavam jogando com espaço e tempo. Ou seja: sabiam que o tempo de reagir chegaria. Mas esperaram.

Quando chegamos ao rio Volga, em Stalingrado, os russos entenderam que já não poderiam continuar recuando. Teriam de lutar – e lutaram como heróis.

Tantos russos morreram, tantos dos nossos também, em Stalingrado. Minhas dúvidas surgiram ali. Quando fui preso, pensei: "Quem são vocês, americanos? Vocês não nos venceram! Quem nos venceu foram os russos!".

Imaginei, erradamente, o seguinte: "Se vocês – ingleses, americanos ou russos – tivessem lutado na base do cada um por si, nós, alemães, teríamos vencido, porque somos mais poderosos". Era um pensamento estúpido.

De qualquer maneira, quando os americanos me mantiveram num campo, como prisioneiro, pensei: "Vocês não foram os vencedores da guerra! Os verdadeiros vencedores, os que sacrificaram suas vidas, foram os russos!".

É difícil apontar o dedo para uma data específica. Mas posso dizer que, anos depois da guerra, entendi que qualquer atitude de racismo ou de nacionalismo – ou o pensamento de que uma nação é melhor que outras – é uma idéia idiota. Quando olho para o mundo, vejo que o mundo não é assim.

Nosso objetivo não deve ser lutar, mas trabalhar pela paz. Todos nós – não importa se na América Latina, na América do Norte, na Rússia ou na Inglaterra. É o que aprendi depois de batalhar na Rússia.

Não posso dizer, hoje, que "lamento" o que fiz, porque não significa nada para ninguém. Mas, hoje, sou totalmente internacionalista. Não acredito na superioridade alemã porque essa idéia é estúpida, perigosa e, por fim, autodestrutiva.

Quando vejo o que acontece hoje no mundo, em lugares como o Iraque e o Afeganistão, posso dizer a eles (*os americanos*): "Vivi algo parecido. Invadimos. Ocupamos. Vocês estão errados também! Vocês são poderosos, mas, no fim, vão viver a experi-

"Cresci na Juventude Hitlerista como um racista e um nacionalista. Acreditava que nossa raça era superior."

ência que nós vivemos: também éramos todo-poderosos, mas ficamos com a cara no chão. Vocês foram forçados a agir assim por circunstâncias que a gente nem sabe quais são. Podem ser circunstâncias financeiras, podem ser políticas: não sou político, não sou financista para saber. Mas vocês não devem vencer".

O senhor foi enviado aos Estados Unidos como prisioneiro de guerra. Qual foi a lembrança mais marcante que o senhor guarda desse tempo?
Eu já tinha ouvido falar que havia soldados americanos negros. Mas, somente depois de ter sido preso na Alemanha, no fim da guerra, é que, pela primeira vez na vida, encontrei um soldado negro. Fui levado a uma quadra esportiva usada como campo de prisioneiros alemães. Lá, logo no portão, vi soldados negros.

Depois, fui enviado de Nova York para um campo de prisioneiros no Arizona. Vi guardas americanos negros. Notei que os americanos brancos não eram exatamente gentis com os negros. Ficavam dando ordens a eles.

Eu achava que não era justo que eu, um homem branco, um soldado branco, fosse vigiado por negros. Devo dizer que, a essa altura, minha educação real – que faria com que eu me tornasse mais humano depois de meus dias nazistas – não tinha se materializado ainda: eu acreditava que deveria ser vigiado por americanos brancos, jamais por americanos pretos!

Hoje, ao olhar para os negros, lamento. Porque todos – sejamos brancos, negros, pardos ou vermelhos – devemos ter direitos iguais. A humanidade terá um futuro melhor se todos reconhecermos que podemos até ser diferentes em alguns aspectos, mas temos todos os mesmos direitos.

Qual é o sentimento que mais incomoda o senhor hoje?
Quando a guerra acabou, é claro que fiquei desapontado. Porque minha Alemanha perdeu a guerra. Eu ainda tinha minha crença na Alemanha, independentemente do governo.
Tive raiva, portanto. Fiquei frustrado. Eu não podia lidar com este fato: como é que um soldado jovem, criado sob aquelas idéias nazistas, poderia terminar com raiva? Como é que ele poderia ficar frustrado? Eu me lembrava do fato de que, em nome do destino da humanidade, tanta gente tinha sido morta: russos, alemães, ingleses, franceses, americanos... Isso era algo errado, com certeza. Mas eu estava frustrado também porque não podia fazer nada para mudar a situação.

Hoje, como existe uma espécie de guerra em andamento no Iraque e no Afeganistão, vejo jovens que são postos em uniforme e enviados para esses países. Vão matar e, provavelmente, morrer. É esta a fonte de minha frustração: sei que é errado, mas não posso fazer nada.

Eu poderia até dizer: "Você não deveria ir lutar por um país!". Mas seria uma besteira. Hoje, se eu tivesse de lutar por alguma coisa, lutaria pela humanidade, mas não por um país, o que é totalmente errado.

Alemães que tinham envolvimento com o regime nazista foram para a América do Sul. O senhor chegou a considerar esta possibilidade?

Ir para outro país seria difícil. Eu não conhecia o país, não conhecia as condições de vida. Fiquei satisfeito por ter vindo para a Inglaterra, mas sei que muitos alemães foram para a América do Sul – especialmente para a Argentina.

Criminosos de guerra foram para a América do Sul com passaportes do Vaticano. Porque o Vaticano, especialmente sob o papa Pio XII, estava – de muitas maneiras – de mãos dadas com os fascistas.

Mas, antes de pensar em ir para o Brasil, eu gostaria de ter visto o que era o país. Porque eu gostava da música, se bem que não entendia nada. Imagino que gostaria do povo.

Há muitos criminosos no Brasil, assim como há na Inglaterra ou na Alemanha. Mas, no Brasil, há relativamente mais pobreza do que em outros países da Europa Ocidental. Nós sabemos que a violência nasce da pobreza. Eu não queria encontrar gente violenta. Mas gostaria de encontrar brasileiros como amigos.

Que tipo de informação o senhor tinha sobre os campos de concentração durante a guerra?

A maioria de nós, alemães, sabia, já antes da guerra, que havia campos de concentração – mas éramos jovens demais para saber o que significavam. Fomos informados de que judeus, ciganos, homossexuais e assassinos deviam ser mandados para campos, onde seriam forçados a trabalhar pela Alemanha. Eu acreditava que deveria ser assim.

Depois, quando eu é que estava na condição de prisioneiro, vi que nem sempre os que nos tomam como prisioneiros gostam da gente. Passei a entender que era errado mandar alguém para um campo só porque é judeu, chinês, cigano ou seja o que for. Afinal, quando nasci ninguém me perguntou se eu queria me tornar um alemão, um chinês ou um brasileiro.

Hoje, entendo totalmente que é errado que existam campos de concentração. De qualquer maneira, os alemães não foram os primeiros a ter campos. Não quero acusar outros países, mas os primeiros a criar campos foram os ingleses, por volta de 1900, quando lutavam contra os bôeres na África do Sul. Os ingleses mantinham, nesses campos, prisioneiros sul-africanos, mulheres e crianças. Foram os inventores dos campos de concentração. Se a Alemanha fez os nossos por essa razão, não sei.

Perto de onde eu vivia, em Hamburgo, havia um campo de concentração – que nunca vi. Depois da guerra, fui a campos como Auschwitz e Buchenwald como turista, em companhia de minha mulher. Pude entender que crime terrível foi mandar gente para os campos.

Eu sabia que Ernst Thälmann, líder do Partido Comunista da Alemanha, tinha sido encarcerado em Buchenwald. Perto do fim da guerra, quando os russos já se aproximavam, ele foi executado. (*O comunista Thälmann passou onze anos confinado numa solitária no campo de Buchenwald, até ser executado, em 1944, por ordem de Adolf Hitler.*)

Sempre soube, também, que meu pai não apenas tinha simpatia por ele, mas dizia que aquele era um homem corajoso – que não deveria ter sido encarcerado. Thälmann, afinal, era líder de um partido político. Pode-se ou não concordar com ele, mas ser líder de um partido não pode ser visto como crime. Quando fui ao campo de Buchenwald, descobri o lugar onde Thälmann foi executado, porque havia uma placa lá. Deixei, lá, um buquê de flores, em homenagem ao meu pai e a Thälmann. (*Nesse momento, a voz do ex-soldado fica embargada.*)

TERMINADA A ENTREVISTA, Metelmann nos brindaria com três surpresas – duas boas e uma ruim. Primeiro, Metelmann escreve, data e assina, no meu caderno de anotações, uma declaração surpreendente para quem já foi um soldado nazista. Chama de "brutal" o ataque alemão contra os soviéticos. Diz que "o povo da União Soviética" merece agradecimentos porque, "para o bem da humanidade", derrotou "o fascismo". Em seguida, o velho soldado vai lá dentro, remexe seus papéis e me entrega uma declaração datilografada em que usa palavras duras para falar do exército alemão. Reconhece que fez parte de "uma das mais criminosas e brutais máquinas de guerra que jamais existiu".

Em uma troca de cartas nos dias seguintes à entrevista, o velho soldado me pede que lhe envie um papel timbrado da TV. Digo que atenderei ao pedido quando voltar ao Brasil, porque, em Londres, não dispunha do papel timbrado. Tive uma surpresa na volta ao Brasil. Desconfiado de que eu poderia ser um impostor, Metelmann mandou, para o escritório da TV Globo, em Londres, uma carta em que diz:

"Fui entrevistado por um Geneton Moraes Neto, que veio à minha casa com um cinegrafista. Alegou que estava atuando por esta companhia. Demorou-se por mais de duas horas. (...)

Gastei tempo, eletricidade, ajuda e lanche com ele e com o câmera. Por favor, informe-me se esse cavalheiro é genuíno ou se fui enganado por um impostor".

Surpreso com a suspeita, deixo um recado na secretária eletrônica do soldado (Outra idiossincrasia: Metelmann jamais atende ao telefone. Ouve os recados. Quando quer, retorna.) Digo que a carta com papel timbrado já seguiu pelo correio. Devo ter tranqüilizado a inquietude do nosso personagem.

Faço uma descoberta: além de culpa, arrependimento, frustração e desapontamento, o velho soldado convive com outro demônio, o quinto entre os que o atormentam: o demônio da desconfiança.

A resistência do exército soviético foi implacável: depois de chegar a apenas 30 quilômetros de Moscou, os alemães foram rechaçados, num contra-ataque que marcou o início da derrocada da Alemanha nazista. O mito de que o exército alemão era imbatível caiu ali.

Entrevista gravada em Goldaming, 19/02/2007

O filho do **carrasco** nazista ataca um inimigo mortal: o próprio pai.

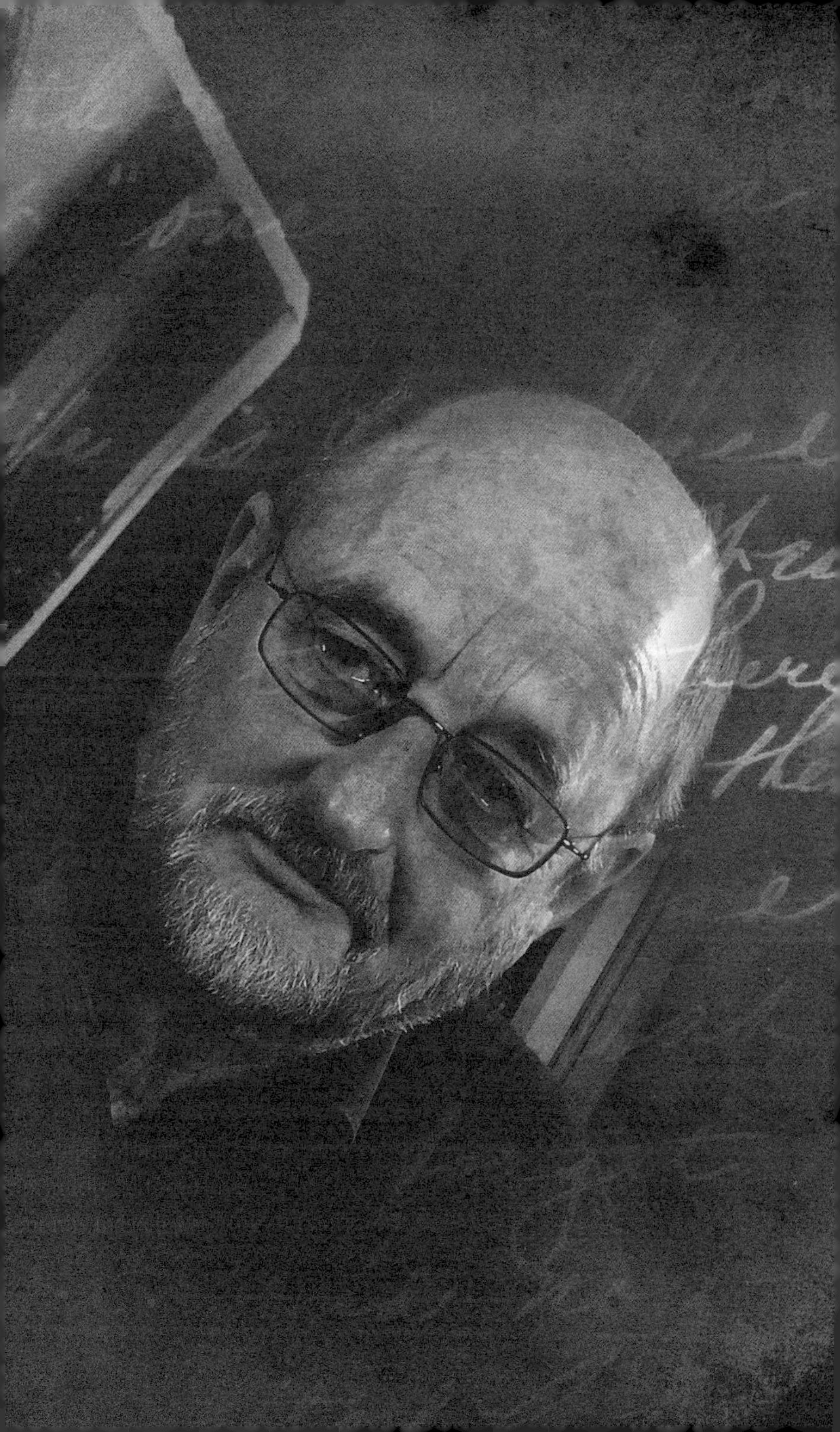

Niklas Frank

ECKLAK, ALEMANHA

A casa fica no meio do nada, num povoado minúsculo, chamado Ecklak, a duas horas de Hamburgo. É um paraíso para quem quer se esconder do mundo. Ou um tormento para quem tenta, mas não consegue, escapar de uma obsessão: em qualquer lugar em que esteja, Niklas Frank estará sempre em guerra contra a memória do pai. A simples menção do nome de Hans Frank provoca sobressaltos em Niklas Frank.

A obsessão do filho pelo pai renderia tomos e tomos de teses psicanalíticas. Seis décadas depois do fim da Segunda Grande Guerra, Niklas Frank, o filho, não se cansa de cumprir o papel de cruzado solitário de uma causa que o mobiliza dia após dia, semana após semana, ano após ano: tudo o que ele quer na vida é manchar, destruir, maldizer, destroçar, espezinhar a memória do pai.

Que herança insuportável será essa, que alimenta a hostilidade do filho para com o pai? Niklas não consegue conviver com a idéia de que traz no DNA a herança de um carrasco. É filho de Hans Frank, o "Açougueiro da Polônia". O pai entrou para a História pela porta da infâmia: ministro da Justiça de Adolf Hitler, foi indicado pelo chefe para o posto de governador-geral da Polônia ocupada, cenário das maiores atrocidades cometidas na Segunda Guerra Mundial.

O "açougueiro" era um homem culto. Gostava de ópera. Cumpria as funções de advogado do partido nazista. Ao desembarcar na Polônia, instalou-se com a família num castelo, em Cracóvia. De lá, reinava, soberano, rodeado de serviçais, enquanto milhões de prisioneiros marchavam para as câmaras de gás dos campos de concentração ou penavam em trabalhos forçados. Advogado pessoal de Hitler, tinha poderes absolutos como interventor. O território governado pelo "açougueiro" abrigava campos de extermínio como Treblinka, Sobibor e Auschwitz.

Em seus diários, falava sem meias palavras sobre a necessidade de exterminar o que ele considerava "forças demoníacas":

"Pertenço, até a última fibra do meu ser, ao Führer e à gloriosa missão que ele comanda. Daqui a mil anos, a Alemanha ainda proclamará o mesmo. Servir à Alemanha é servir a Deus. Se Cristo reaparecesse na Terra, seria como um alemão. Somos, na verdade, a arma de Deus para a destruição dos poderes demoníacos da Terra. Guerreamos, em nome de Deus, contra os judeus e o bolchevismo. Que Deus nos proteja!".

Isolado do mundo nesse povoado do interior da Alemanha, o filho que tem horror ao pai sorve uma caneca de café como quem bebe água. Quando a caneca fica vazia, ele interrompe por instantes a entrevista e vai à cozinha coletar uma nova dose de cafeína. Os olhos estão fixos numa foto em que o pai, destinatário da ira acumulada no peito durante décadas, aparece sorridente ao lado de Adolf Hitler. O sentimento que o filho devota ao pai é incômodo. Provoca estranheza. Causa pena. Desperta compaixão. Mas é irremovível: Niklas Frank não perdoa, sob hipótese alguma, as atrocidades que o pai comandou.

Num texto que causou polêmica porque desagradou parte da opinião pública alemã, Niklas Frank escreveu: "Vem, pai, deixa-me despedaçar o orgulho da tua vida!".

Julgado e condenado a morrer na forca no Tribunal de Nuremberg, Hans Frank foi executado no dia 16 de outubro de 1946, aos 46 anos de idade. Deixou cinco filhos. Tentou se matar duas vezes na prisão, porque sentiu que não sairia dali com vida. As duas tentativas de suicídio fracassaram.

A acusação que pesava contra Hans Frank: co-autor de crimes contra a humanidade. Suas últimas palavras: "Jesus, tenha piedade!".

Dos cinco filhos do "Açougueiro da Polônia", Niklas foi o

único que se dedicou à tarefa de denegrir a imagem do pai. Diz que o pai não merece piedade. Porque o mundo não pode, diz ele, se esquecer dos crimes cometidos por gente como Hans Frank.

Nascido seis meses antes do início da guerra, Niklas Frank guarda traumas que, para ele, são incuráveis. O rosto de Niklas Frank exibe um ar grave quando ele descreve cenas que, na infância, lhe pareciam inofensivas, mas, depois, assumiram um tom tétrico: ele não se esquece do dia em que foi levado a um campo de prisioneiros para se divertir com a visão de homens esquálidos, que, sob a ordens de guardas, eram obrigados a montar em burros apenas para serem, em seguida, derrubados no chão. Só anos depois, já adulto, é que entendeu o horror do que testemunhara.

Niklas Frank estudou história, sociologia e literatura alemã, mas fez carreira como jornalista da revista *Stern*. A dedicação ao jornalismo explica a obsessão com que revirou cada detalhe da vida do pai e da mãe.

Os sobressaltos se acumularam. Descobriu que o pai, um carrasco, teve um caso homossexual quando jovem. A mãe colecionava amantes. Serviçais do castelo na Polônia descreveram cenas escatológicas: uma vez, já cansado de grosserias, um *maître* urinou dentro da terrina que seria levada à mesa em que os Frank entretinham convidados. Os comensais degustaram a sopa sem suspeitar da sujeira.

Aposentado, Niklas Frank recolheu-se ao povoado no interior da Alemanha. Vive com a mulher. A filha única já saiu de casa. De vez em quando, entre uma e outra resposta que pro-

"O sentimento que o filho devota ao pai é incômodo. Provoca estranheza. Causa pena. Desperta compaixão. Mas é irremovível: Niklas Frank não perdoa, sob hipótese alguma, as atrocidades que o pai comandou nuncia com ar grave, brinca comigo e com o cinegrafista Paulo Pimentel, como se quisesse desanuviar a gravidade das cenas que descreve. Quando digo que vou gravar as perguntas em português, ele recomenda:

"Fale o português clássico, não aquele português cheio de gírias que você usa lá onde você mora!".

Permite-se um comentário sobre a pífia atuação da seleção brasileira na Copa do Mundo de 2006. Diz que os brasileiros não jogaram nada.

A pregação de Frank destoa do coro dos que dizem que o nazismo é uma página virada na História alemã. O alemão Frank diz que a Alemanha não vai se desvencilhar desse fardo. A mancha, diz ele, é irremovível.

Quando confrontado com os crimes que cometeu, o pai de Niklas Frank declarou ao Tribunal de Nuremberg: "Mil anos se passarão antes que a culpa da Alemanha desapareça".

O Reich – que duraria mil anos – se tornou um fardo de mil anos. Neste ponto, pai e filho concordam.

"Depois de toda guerra,
alguém tem de fazer a faxina.
As coisas não vão se ajeitar sozinhas.
Alguém tem de tirar o entulho das ruas
para que as carroças possam passar com os corpos.
Alguém tem que abrir caminho pelo lamaçal e as cinzas
as molas dos sofás
os cacos de vidro
os trapos ensangüentados
(...)

*Não é fotogênico e leva anos
Todas as câmeras já foram para outra guerra."*
É o que reza o poema "O fim e o início", escrito pela polonesa Wislawa Szymborska e divulgado no Brasil pela revista *Piauí*.

Niklas Frank poderia ser personagem desse poema. É alguém que, solitariamente, se dá ao trabalho de fazer a faxina moral da família Frank, para que as carroças possam passar com os corpos. Aos olhos de Niklas Frank, o desfile das carroças não acabou. Não vai acabar nunca. Porque elas estão levando os milhões de corpos dos prisioneiros que perderam a vida sob as ordens do "Açougueiro da Polônia".

A seguir, a gravação completa do nosso encontro com o filho do "Açougueiro da Polônia", numa manhã gelada de Ecklak, sob um céu de chumbo que prenunciava tempestade e nevasca.

Que reação o senhor teve quando descobriu que tinha um pai que era um notório criminoso de guerra?

Eu era criança no momento em que os jornais voltaram a ser publicados de uma maneira democrática, logo depois da guerra. Vi fotos de montanhas de corpos. As legendas das fotos sempre traziam a palavra "Polônia". Quando criança, eu sempre soube que a Polônia era nossa! Eu me perguntava: o que será que a Polônia tinha a ver com aquela montanha de corpos? Tive, ali, o primeiro choque. Devo dizer que esse choque me acompanhou por toda a minha a vida, até hoje: ali, descobri que eu era membro de uma família criminosa.

Três das minhas irmãs caminharam em outra direção: recu-

"Condenei meu pai de novo à morte. Tentei encontrar algo positivo na vida do meu pai, mas não consegui."

saram-se a reconhecer o que aquelas fotos mostravam. Diziam que aquilo era propaganda dos russos e das forças aliadas, os vitoriosos da guerra. Fui em outra direção. Doeu, com certeza. Tive o primeiro choque ao ver as fotos nos jornais. Eram corpos de crianças que tinham a minha idade!

Enquanto eu brincava e levava uma vida maravilhosa em Cracóvia, os nazistas estavam jogando crianças contra a parede para matá-las, ou mandando-as para as câmaras de gás dos campos de concentração, a apenas 30 quilômetros dali. Tive um choque.

Hans Frank foi condenado e executado no Tribunal de Nuremberg. Ao denunciá-lo novamente, o senhor não acha que deu a ele uma segunda sentença de morte?

Com certeza. Condenei meu pai de novo à morte. Tentei encontrar algo positivo na vida do meu pai, mas não consegui. Porque ele era um mentiroso. Tinha um caráter truculento. Era um grande, um grande covarde.

Não encontrei nada que o fizesse merecer uma pena menor, como a prisão perpétua. Eu teria de condená-lo de novo à morte por enforcamento. É uma pena, mas, para mim, essa é a maneira correta de agir. Tentei encontrar, na vida do meu pai, algo que ele pudesse ter feito contra Hitler ou para salvar vidas. Mas ele nunca fez algo assim. Tudo o que ele queria era ser amado por Hitler. Era a única coisa que lhe importava. A única coisa!

O que ele sentia por Hitler era um amor profundo. Eu diria que era um relação quase homossexual. Descobri que meu pai teve uma experiência homossexual quando jovem, com dois professores. A ideologia do nazismo era totalmente contra a homossexualidade. Então, ele tinha de lutar para que ninguém descobrisse.

Meu pai era um homem tão bem-educado e, ao mesmo tempo, tão estúpido...

O senhor acha que o trauma deixado pelo regime nazista um dia vai ser superado na Alemanha?
Não acredito que exista trauma. Os alemães, especialmente gente comum, se esforçaram bastante para que todo mundo se esquecesse do que tinha acontecido no Terceiro Reich: todas as coisas ruins que ocorreram durante aqueles doze estranhos anos. Mas tivemos a sorte de termos sido forçados a lembrar o que aconteceu. Todos irão se lembrar sempre daqueles doze anos sangrentos.

Só espero que ninguém se esqueça daqueles anos, tanto aqui na Alemanha como fora. Todo mundo na Alemanha quer comparar os crimes de guerra alemães com outros crimes, como, por exemplo, o bombardeio de Dresden ou o que aconteceu no Vietnã, na Coréia ou em Hiroxima.

Ao fazer essas comparações, os alemães querem diminuir seus crimes. Graças a Deus, não conseguiram. Porque todos, no mundo todo, sabem que aquele foi o único período da História universal em que um povo altamente industrializado promoveu o extermínio em massa de gente inocente, em escala industrial. Não se pode comparar com nada. O Holocausto foi um comportamento alemão, um crime alemão.

É verdade que o senhor, quando criança, se divertiu num campo de concentração sem ter noção de onde estava?

É verdade. Fui com meu irmão, em companhia de nossa babá, para um pequeno campo, ligado a um grande campo de concentração. O oficial que estava no comando do campo obrigava uma pobre criatura, um homem magro, a montar num burrico. Em segundos, o homem caía de cima do animal. Eu ficava rindo o tempo todo! Porque, para uma criança como eu, era engraçado ver adultos jogados de cima de um burrico. Eu tinha 4, 5 anos de idade.

Depois, ganhávamos chocolate para comer. O dia era maravilhoso. Só depois descobri que aquilo era uma crueldade. Os adultos que o comandante tinha obrigado a subir no animal estavam quase mortos de fome. Eram judeus. Aquilo era humor alemão.

A lembrança dessas cenas é o pior problema de consciência que o senhor tem?

A cena dos judeus no burrico é uma das muitas imagens que guardo em minha mente. Eu não diria que é a pior. A maioria das lembranças vem das imagens que vi em livros e jornais. A pior de todas é a imagem dos corpos amontoados. Nunca pude entender – nem hoje, que tenho 68 anos de idade – como é que os alemães puderam fazer aquilo. Mas fizeram.

Hans Frank foi responsável pela morte de quantas pessoas? É possível calcular?

Não existe um número específico. Não dá para contar. Meu

"Todos, no mundo todo, sabem que aquele foi o único período da História universal em que um povo altamente industrializado promoveu o extermínio em massa de gente inocente, em escala industrial. Não se pode comparar com nada."

pai foi responsável pelo holocausto na Polônia, nos assim chamados campos de extermínio, onde os nazistas matavam poloneses e judeus. Os campos de Sobibor e Treblinka estavam na área administrada por ele. Meu pai, portanto, era a maior autoridade ali. Era responsável pela morte de cada judeu, cada polonês, cada um de todos os outros judeus que foram deportados de outros países da Europa para os campos de concentração na Polônia.

É justo dizer que Hans Frank foi responsável pelos horrores de Auschwitz?
Com certeza. Desde antes do início do Terceiro Reich, meu pai já fazia discursos terríveis contra os judeus. É algo que ele levou até o fim. Meu pai sempre quis matar os judeus. Minha resposta, então, é sim: meu pai foi inteiramente responsável pelo campo de concentração de Auschwitz.

O filho de outro criminoso de guerra disse que o senhor era um demônio por denunciar o próprio pai. Como é que o senhor recebe uma crítica dessas?
Para dizer a verdade, eu não esperava tal reação. Fiquei surpreso quando filhos de outros criminosos nazistas, como Hess, Shirach e Goering, se recusaram a ter qualquer contato comigo. Emissoras de TV tentaram nos reunir numa mesa-redonda, mas todos se recusaram a aparecer ao meu lado.

O que aconteceu é que destruí uma maneira de lidar com pais criminosos. Devo dizer que fiquei feliz por ter agido assim. Mas não sou um demônio. O que fiz foi, apenas, dizer

Auschwitz

"Meu pai sempre quis matar os judeus. Minha resposta é sim: meu pai foi inteiramente responsável pelo campo de concentração de **Auschwitz**

Auschwitz Auschwitz schwitz Auschwitz Auschwitz Auschwitz Auschwitz a verdade. O fato de ser filho de quem sou não me levou a perdoá-los.

Eu tinha de decidir: deveria defender meu pai apenas porque ele me acariciava na cabeça quando eu era criança ou, pelo contrário, deveria levar em conta a montanha de corpos que ele deixou atrás de si? A escolha foi fácil.

Quando é que o senhor viu Hans Frank pela última vez? Que lembrança o senhor guarda desse dia?

Guardo a lembrança da minha última visita à prisão de Nuremberg. Eu estava sentado no colo de minha mãe. Havia uma parede de vidro. Meu pai estava do outro lado do vidro, junto com soldados de capacetes brancos. Nunca me esquecerei deste detalhe.

Ali, meu pai mentiu para mim. Eu sabia que ele seria enforcado dentro de duas ou três semanas. Mas ele me disse que em breve iríamos comemorar o Natal em nossa casa. Sempre me perguntei: "Por que ele mentiu para mim?". Afinal, ele sabia que ia morrer em breve. Eu também sabia. E tinha 7 anos de idade.

Terminada a visita, saímos daquela sala pequena. Eu estava muito decepcionado, porque meu pai não deveria ter agido daquele jeito. Deveria ter dito: "Niklas, você tem 7 anos de idade. Vou morrer. Fiz coisas terríveis durante toda a minha vida. Eu me arrependo muito. Por favor, não faça o que fiz. Tente levar uma vida honrada. Não a vida de um criminoso como eu".

Assim, eu poderia ter amado meu pai por essas últimas palavras. Mas ele apenas me disse: "Niki! Vamos festejar o Natal! Vamos nos divertir bastante juntos!".

Não faz sentido. Aquela foi a última mentira do meu pai. Depois de ter mentido durante a vida inteira, ele, por último, mentiu para o filho.

O senhor confirma que um de seus irmãos nunca teve filhos porque gostaria que o sobrenome Frank desaparecesse do mundo?
Meu irmão disse algo assim uma vez. Mas não faz sentido. Porque o sobrenome Frank, em alemão, é comum. É como Müller ou Becker. O fato de não querer dar o nome a um filho não quer dizer nada. Nunca fizeram algo contra mim. Quando eu dizia que meu nome era Niklas Frank, ninguém sabia de quem se tratava. Mas eu sei que, se dissesse que meu sobrenome era Goering ou Himmler, teria passado por maus momentos na Alemanha logo depois da guerra. Porque eu soube que a filha de Himmler e a filha de Goering eram imediatamente rechaçadas quanto tentavam algum trabalho. Diziam a elas: "Vocês são filhas desses? Não podemos fazer nada. Sinto muito, mas vocês têm de ir embora".

Hans Frank, condenado número 7 no Tribunal de Nuremberg. O que é este nome significa para o senhor, hoje? O senhor finalmente conseguiu ajustar contas com o passado?
Nunca vou viver em paz com meu pai. Porque não posso, jamais, perdoar o que ele fez. Não é apenas meu pai: como ele, tantos outros alemães cometeram crimes indescritíveis. Todas aquelas imagens estão vivas em minha mente. São crimes horríveis. Não perdoamos. Não posso viver em paz com a lembrança

"Eu sabia que meu pai seria enforcado dentro de duas ou três semanas. Mas ele me disse que em breve iríamos comemorar o Natal em nossa casa. Sempre me perguntei: 'Por que ele mentiu para mim?'."

do meu pai. Não quero. Porque encontrar a paz é encontrar uma maneira de perdoá-lo. E não posso perdoá-lo.

Mas o senhor vive em paz com a consciência?
Não tenho problemas de consciência. Por acaso, não sou brasileiro. Sou alemão. Carrego, portanto, responsabilidade pelo que os alemães fizeram, embora, pessoalmente, não seja culpado. Eu era jovem demais na guerra. Mas estou dentro da História deste povo.

Não posso, então, perdoar o que os alemães fizeram – não falo apenas dos nazistas, mas dos alemães – naqueles anos entre 1933 e 1945. Não posso encontrar paz com a Alemanha. Mas amo o país. Amo a História alemã até 1933: éramos um país criminoso, imperialista e normal como tantos outros. Tínhamos maravilhosos imperadores, poetas. Tínhamos uma gente, um país, um campo maravilhoso. Mas aí aqueles inacreditáveis doze anos começaram, para arruinar tudo.

Hans Frank se encontrou com um padre na noite em que foi enforcado. O senhor depois procurou este padre. Qual é a importância desse encontro?
Para mim, foi importante encontrar o padre que tinha acompanhado meu pai até a forca. Um ano antes do enforcamento, esse padre já tinha batizado meu pai na prisão. Isso quer dizer que meu pai se tornara católico. Mas não acredito que ele fosse realmente religioso.

Penso que meu pai esperava ter a chance de sobreviver se conseguisse, por exemplo, obter o perdão do papa em Roma.

"Não posso perdoar o que os alemães fizeram – não falo apenas dos nazistas, mas dos alemães – naqueles anos entre 1933 e 1945. Não posso encontrar paz com a Alemanha. Mas amo o país."

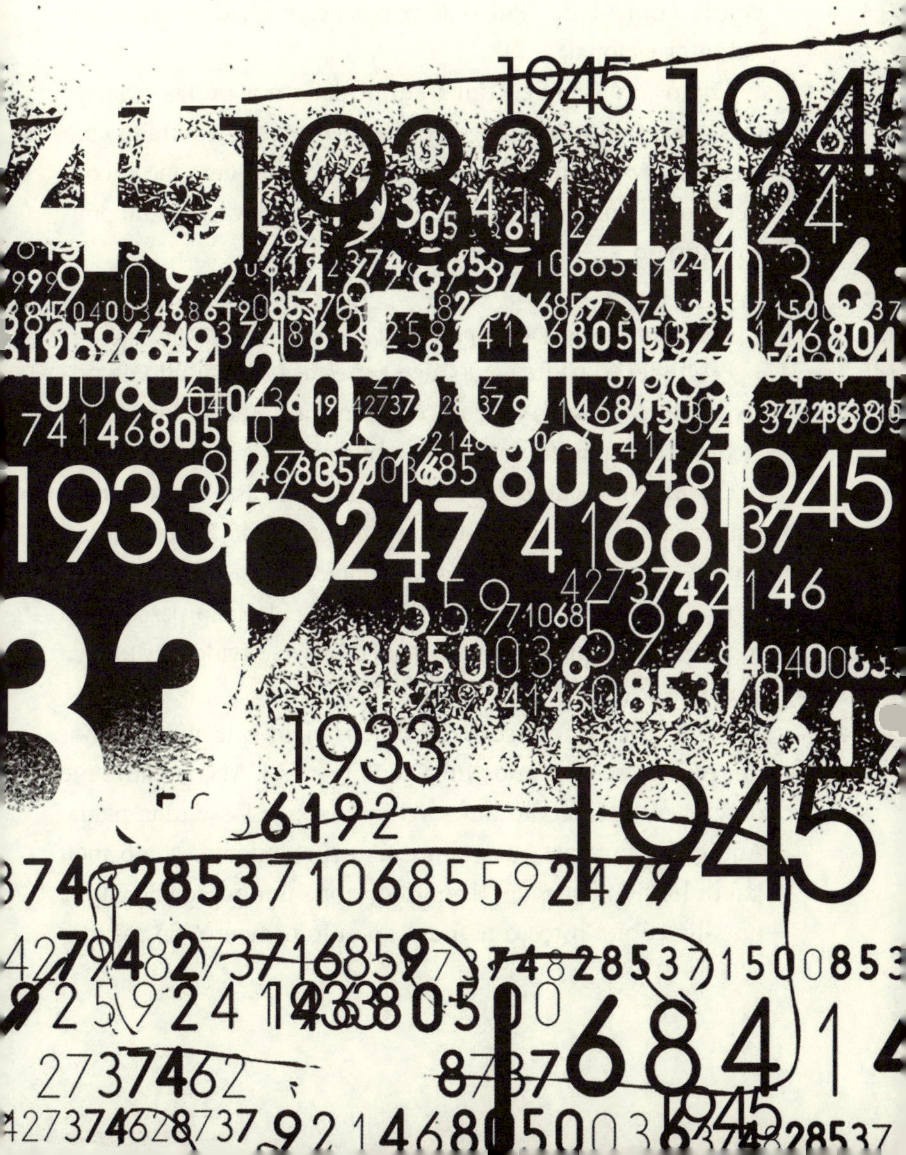

Meu pai contava com esse recurso. O papa Pio XII ensaiou conceder o perdão. Mas o gesto foi imediatamente rechaçado pela delegação polonesa, que ficaria horrorizada se o "Açougueiro da Polônia", como meu pai era chamado, sobrevivesse graças a um ato de perdão do papa encaminhado a um tribunal internacional.

Como jornalista, eu tinha curiosidade por outras pessoas, mas, especialmente, por gente que tivesse se encontrado com meu pai. De qualquer maneira, o padre com quem me encontrei não era um homem muito educado. Chegava a ser um pouco estúpido.

O senhor perguntou ao padre sobre o enforcamento?

Perguntei ao padre como meu pai estava se sentindo na prisão, como lidou com as acusações e com a condenação à morte, e como se comportou na última noite antes de ser enforcado.

O padre me contou duas coisas significativas. Disse que meu pai tinha medo de minha mãe até na prisão de Nuremberg. A outra: "A coisa mais terrível que aconteceu com ele no momento do enforcamento foi o barulho produzido pelo pescoço no momento em que foi quebrado. Pôde ser ouvido em todo o ambiente".

Devo dizer que esse foi o único relato que me fez chorar, porque se tratava de uma cena horrível. Mas o padre me descreveu a cena com um sorriso, como se fosse uma piada. Aquilo foi horrível, mas também surpreendente: como meu pai tinha sido batizado, tiveram de abrir um buraco no capuz que lhe cobria o rosto na hora do enforcamento. Só assim o

"Meu pai foi o único dos condenados a entrar no local de execução, em Nuremberg, com um sorriso nos lábios. Eis aí um pequeno gesto que merece respeito. Devo dizer que achei essa atitude corajosa."

padre poderia fazer o sinal-da-cruz na testa do meu pai na hora da extrema-unção. Loucura.

De uma maneira estranha, foi emocionante ouvir o padre falar do ruído provocado pelo enforcamento. Comecei a chorar. Talvez tenha sido o momento em que mais tive a sensação do que é ser levado à forca e cair no cadafalso, para o fim da vida.

Mas não tive piedade de meu pai, porque ele merecia aquela morte. Como tinha feito milhões de pessoas sentirem algo parecido, deveria experimentar algo assim na pele. E experimentou.

Meu pai foi o único dos condenados a entrar no local de execução, em Nuremberg, com um sorriso nos lábios. Eis aí um pequeno gesto que merece respeito. Devo dizer que achei essa atitude corajosa. Era o meu pai.

O que o levou a denunciar o próprio pai? O senhor foi movido por razões históricas ou pessoais?

Em primeiro lugar, foram razões pessoais. Sou, por acaso, filho desse homem. Mas, como alemão, o que quero é dar um exemplo de como lidar com pais e avós. Porque sempre se faz silêncio sobre o que realmente aconteceu no Terceiro Reich.

A motivação, portanto, foi pessoal: eu queria encarar o que meu pai e minha mãe realmente fizeram, porque, assim, poderia dar um exemplo de como lidar com esse problema. Talvez minha decisão tenha sido errada. Porque, depois da publicação de meu primeiro livro, os alemães ficaram incomodados com a linguagem que usei e com as maldições que lancei contra meu pai. Não acho, então, que tenha sido bem-sucedido ao agir assim.

Com que freqüência o senhor pensa em Hans Frank hoje?
Todo dia. Todo dia penso no meu pai e na minha mãe. Sim. Mas nunca dei a eles permissão de conduzir minha vida. Vivi minha própria vida. Mas as lembranças ainda me acompanham todo o tempo. Ainda os amaldiçôo. Não entendo o que eles fizeram.

Aos olhos de Niklas Frank, o desfile das carroças nunca acabou. Não vai acabar nunca. Porque elas estão levando os milhões de corpos dos prisioneiros que perderam a vida sob as ordens do Açougueiro da Polônia.

do pelo pescoço no momento

ção. Louci

te ouvir o padre falar do ruído

Um dilema: a mulher descobre que o tio era um **criminoso** de guerra. O que fazer?

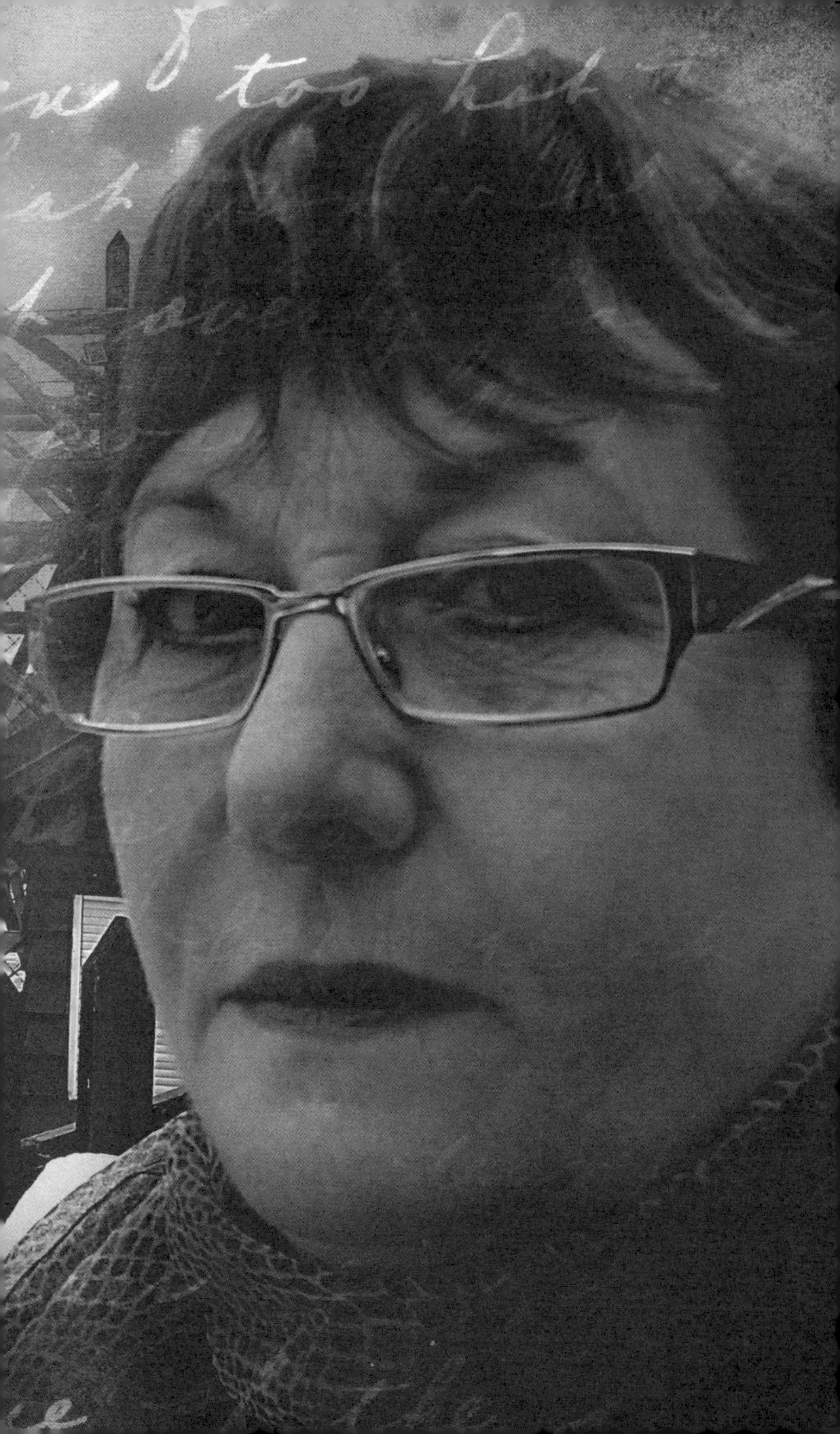

Mireille
Horsinga-Renno

ESTRASBURGO, FRANÇA

Falta alguém em Nuremberg. David Nasser publicou um livro com este título para dizer que, entre os criminosos que se sentaram no banco dos réus do Tribunal de Nuremberg depois de terminada a Segunda Guerra Mundial, faltava alguém: Filinto Müller, chefe da polícia da ditadura Vargas. O título do livro era uma provocação: comparava a violência da polícia comandada por Filinto Müller no Brasil aos horrores perpetrados pelos nazistas na Europa. O ex-chefe de polícia morreria carbonizado, no dia 11 de julho de 1973, a bordo do avião da Varig que pegou fogo minutos antes de aterrissar em Paris. Era senador da Arena, o partido que apoiava o regime militar de 1964.

Eu me lembrei do título do libelo acusatório de David Nasser, o repórter escandaloso, quando cheguei à casa de uma mulher que tinha feito uma descoberta terrível: o tio médico, a quem ela idolatrava, um velhinho de ar bonachão, apaixonado pela música de Johann Sebastian Bach e dono de uma coleção de flautas, era na verdade um criminoso de guerra, responsável pela execução de adultos e crianças.

A saga de Mireille Horsinga-Renno parece o roteiro de um filme: por pura curiosidade, resolveu investigar a árvore genealógica da família. O que era passatempo virou pesadelo. Terminou descobrindo uma coincidência inquietante: o tio que ela aprendera a idolatrar desde criança tinha o mesmo nome de um médico que participara diretamente do extermínio de adultos e crianças durante o regime nazista.

O pai de Mireille, francês de nascimento, participou da invasão da Rússia como soldado do exército alemão. Tinha sido recrutado para lutar pelo exército de Hitler depois que a Alemanha anexou a região da Alsácia, onde a família vivia. Mas o carrasco da família não era o pai.

A primeira reação de Mireille, ao descobrir o passado do tio Georg, foi de incredulidade. Não era possível. Ex-secretária da embaixada da França na Alemanha, ela resolveu fazer, por conta própria, o papel de investigadora. Era tudo verdade: o tio guardava um segredo que, como ela diz, "manchava o nome de toda a nossa família". Ao revirar o passado que o tio tentava esconder, ela levantou a ficha completa do carrasco.

Georg Renno era filiado ao Partido Nazista desde o dia 1º. de agosto de 1930 – quase uma década antes do início da guerra. Em outubro de 1939, apenas um mês depois de iniciada a guerra, o regime nazista autoriza a eliminação de doentes considerados incuráveis. Mireille escreveria, décadas depois: "A primeira operação de extermínio em massa sistematicamente planejada e executada pelo Estado nacional-socialista estava começando".

Tio Georg era ator desse teatro de horrores. As descobertas de Mireille não pararam aí. A 10 de setembro de 1943, Georg Renno foi nomeado diretor de uma clínica especializada no extermínio de doentes incuráveis em Hartheim, na Áustria. A clínica tinha passado por uma reforma em 1940. Os operários tinham construído uma câmara de gás e um forno crematório. Renno dirigiu, também, um serviço de pediatria que praticava eutanásia em crianças doentes de 3 a 5 anos.

Pelo menos 2.000 doentes que estavam encarcerados no campo de concentração de Dachau foram executados na câmara de gás em Hartheim, depois de passar pelas mãos de médicos como Georg Renno. Doentes considerados irremediavelmente "inúteis e improdutivos" eram despachados para a morte na clínica, que, na verdade, era uma sucursal dos campos de concentração. Crianças e adultos que tivessem defeitos físicos tinham destino semelhante.

Tio Georg escapou de qualquer punição. Terminada a guerra, falsificou seus documentos de identidade. A partir de 1948, fez carreira no laboratório Schering como "conselheiro científico". Só voltou a se assinar Georg Renno nos anos 60. Chegou a ser preso, por quatro meses, no início dos anos 70, mas jamais sofreu qualquer condenação.

Mireille Horsinga-Renno se afastou do tio Georg assim que soube que ele era, sim, o monstro que despachava para a morte seres humanos julgados "improdutivos e inúteis". Passou a dedicar todo o tempo a investigar o passado do tio, que não sobreviveu para levar o golpe final da sobrinha: a denúncia pública dos horrores que cometeu.

Quando morreu, aos 90 anos, no dia 4 de outubro de 1997, o médico era apenas o morador de uma cidadezinha do interior da Alemanha. Deixou, por escrito, instruções rigorosas: nada de anúncio fúnebre, nada de cerimônia religiosa, nada de telefonemas para parentes. As cinzas repousam no cemitério de Grunstadt.

Mireille Horsinga-Renno nos recebe em casa, em Estrasburgo, na França. É um exemplo acabado de como traumas abertos pelo horror nazista persistem, intocados, seis décadas depois. A mulher que vasculhou o passado oculto do tio se diz obcecada por uma questão: "E se amanhã tudo começar como nos anos 40? E se amanhã a loucura de um poderoso resolver erradicar vidas julgadas improdutivas e inúteis?".

Ao denunciar o tio, ela não quer apenas produzir um relato dos horrores já tantas vezes descritos, mas chamar a atenção para o que chama de "barbárie ordinária": haverá sempre alguém como tio Georg, disposto a cumprir em silêncio, sem discussão, as chamadas ordens superiores. Pouco importa que o silêncio signifique a morte de inocentes.

Sem qualquer constrangimento, ela decidiu expor um trauma familiar. É como se dissesse:

"Falta alguém em Nuremberg".

A senhora diz que ficou chocada quando descobriu que tinha, na família, alguém "ligado ao capítulo mais trágico do século XX". A tentação de ficar em silêncio foi grande?

Sim. Quando se descobre tal horror dentro da própria família, há sempre a possibilidade de querer ocultar tudo. Quando descobri o passado de meu tio, eu me vi numa situação em que poderia esconder tudo dentro de um armário, fechar a porta e ficar em silêncio. Mas o peso é grande demais para ser carregado. Queria que meu filho e meus netos, que virão um dia, soubessem a verdade.

Não queria que eles um dia fossem defrontados com um segredo de família mal guardado. Ou que só por acaso tomassem conhecimento de que tínhamos um criminoso na família. Não queria, enfim, que eles ficassem sem uma explicação para o que aconteceu simplesmente por não terem tido alguém que lhes explicasse. Fiquei profundamente chocada e envergonhada de ter na família um criminoso de guerra, mas não poderia guardar esse fato comigo. Decidi falar.[1]

---

1. Mireille Horsinga-Renno publicou na França, pela editora La Nuée Blue, o livro *Cher Oncle Georg*.

A senhora diz que essa denúncia é " uma vitória sobre o silêncio e a morte". Um dia as feridas abertas pela Segunda Guerra vão cicatrizar?

Ainda se passarão gerações antes que se possa dizer que essas feridas cicatrizaram verdadeiramente – se é que um dia vão cicatrizar.

Temos hoje uma segunda geração, que começa a descobrir todo o horror ocorrido. A essa geração temos a obrigação de dizer o que aconteceu. Os envolvidos nem sempre dizem tudo. O dr. Renno chegou a ser entrevistado pelo pesquisador Walter Kohl. Perguntei ao entrevistador: "O doutor disse tudo?". E ele: "Não, o doutor não disse". Cabe a nós, portanto, revelar o que foi esse horror. É preciso não esquecer. É preciso lembrar. Isso não pode se repetir com as crianças das futuras gerações.

Que lição a senhora quer passar com essa denúncia?

A lição que deve ser tirada desse passado é que o mundo inteiro pode ser afetado por um horror parecido, inclusive no Brasil. Ninguém estaria a salvo. Basta que, um dia, um monstro como esse decida que é preciso exterminar seres humanos que não são como os outros. É preciso, então, ficar vigilante. Abrir os olhos e os ouvidos. Preservar o livre-arbítrio. Não se deixar aprisionar. Manter a moral. São valores universais: seja num país da Europa, seja no Brasil, existe o que é certo, o que é justo, e o que não é.

A história do "tio Georg" significa, segundo a senhora escreveu,"uma dor no coração e uma ferida na alma". Um dia a senhora vai se livrar desse peso?

"Haverá sempre alguém como tio Georg, disposto a cumprir em silêncio, sem discussão, as chamadas 'ordens superiores'. Pouco importa que o silêncio signifique a morte de inocentes."

É uma dor e uma ferida. Não sei se um dia conseguirei me livrar desse peso. É como alguém que é ferido. A ferida cicatriza, mas, sempre que ele olha, a cicatriz continua lá. Meu tio sujou meu nome. Sujou o nome do meu pai. Não poderemos perdoá-lo. Nossa história se divide entre antes e depois do dr. Renno.

Que crimes, exatamente, ele cometeu?
Um horror. O dr. Renno, a quem sempre chamei de "meu tio", era primo do meu avô, mas este detalhe não importa, porque sempre gostei de conviver com ele. Para mim, ele sempre foi o tio Georg. Sempre o apreciei. Não era um sádico. Era um médico, um funcionário zeloso, que cumpriu uma ordem quando determinaram o extermínio de doentes.

O dr. Renno percorreu uma área próxima do castelo de Hartheim, na Áustria, para selecionar, nos hospitais, os doentes que já não eram capazes de trabalhar. Era gente que já não seria capaz de produzir dinheiro para o Estado, mas apenas de gastar. Por essa razão, era preciso exterminá-los. Era uma questão econômica!

Os doentes – fossem crianças, adultos, homens, mulheres de todas as idades – eram exterminados dentro do castelo. Uma foto, tirada secretamente por um trabalhador que morava ao lado e era membro da Resistência na Áustria, mostra a chaminé do crematório, que funcionava 24 horas por dia. O doutor morava nesse castelo. Durante o dia, enviava para as câmaras de gás os doentes, que eram depois cremados. Quando anoitecia, ele ia para o quarto, tocar flauta...

A senhora diz que, quando descobriu o que ele fez, sentiu "cólera, decepção, vergonha, piedade e desespero". Qual desses sentimentos incomoda mais a senhora?

Num primeiro momento, o que senti foi desespero por ter descoberto tal horror. Depois, vergonha, por saber que, em nossa família, havia um personagem que sujou nosso nome e cometeu horrores. É difícil digerir, é difícil abstrair algo assim. É uma cicatriz que marcará sempre nossa família.

A eliminação de crianças com defeitos físicos foi o pior crime que ele cometeu?

É horrível eliminar crianças. Creio que foi o mais horrível de todos os atos que ele cometeu. Basta imaginar que ele próprio tinha três filhas!

Ao olhar para as crianças que enviava para a morte, ele poderia enxergar, quem sabe, a imagem de suas próprias filhas...

Os adultos retardados, aliás, têm também um olhar de criança. Era uma pobre gente que, na verdade, precisava ser socorrida. Como é que um homem como ele, um flautista que amava a música, e portanto era dono de uma sensibilidade mais desenvolvida que a dos outros, pôde ficar insensível ao olhar aquela gente desesperada que seria enviada para a morte?

Pouco importa se eram crianças ou adultos. Porque adultos como aqueles guardam alguma coisa de criança no olhar. Não se pode fazer diferença. Fossem adultos ou crianças, o que aconteceu é inadmissível, é inadmissível!

O que ele disse à senhora sobre os campos de concentração?

"Ao olhar para as crianças que enviava para a morte ele poderia enxergar, quem sabe, a imagem de suas próprias filhas..."

Eu nunca tinha lhe perguntado qualquer coisa sobre esse período da guerra, porque ele era alemão. Nasceu, na verdade, em Estrasburgo, na França, região que seria anexada à Alemanha. Em seguida, foi para a Alemanha, onde passou a maior parte da vida.

Campo de concentração era um assunto delicado. Não tratei desse assunto com os alemães, porque é sempre delicado falar de um conflito que ocorreu há tempos, quando hoje somos uma Europa unida. Além de tudo, tratava-se de alguém da família.

Eu tinha ouvido falar que alguém da família que estava na Alemanha era médico e nazista. Mas muitos alemães tinham sido nazistas. Não sabia que era ele. Sempre tive o cuidado de não fazer perguntas sobre esse assunto.

Mas, uma noite, tio Georg me pediu para falar sobre a vida de meu pai, que já tinha morrido. Contei a ele que, como morava na Alsácia, uma região anexada pela Alemanha, meu pai fora obrigado a vestir o uniforme do exército alemão para ir lutar no *front* russo.

A troco de nada, sem que eu fizesse qualquer pergunta, ele me disse: "A propósito, preciso lhe dizer que as tais câmaras de gás jamais existiram".

Caí das nuvens, porque não poderia imaginar que alguém tão inteligente e tão instruído como ele, um médico, tentasse me fazer crer que as câmaras de gás não tinham existido durante o nazismo!

Respondi: "Você não pode afirmar algo assim. Visitei o campo de Struthof[2]. Vi câmaras de gás. Vi campos de concentração. Há testemunhos de gente que saiu de lá...".

---

2. Struthof é o único campo de concentração aberto pelos alemães em território francês. Fica a 50 quilômetros de Estrasburgo. É aberto à visitação pública. (N. do E.)

Nesse momento, ele me disse algo que é uma completa aberração para alguém tão inteligente: garantiu que era tudo "propaganda americana para denegrir o regime nazista". As câmaras de gás teriam sido construídas apenas para mostrar que havia campos de concentração. Tudo seria invenção dos americanos!

Era o que ele dizia. Ali, alguma coisa se quebrou. Comecei a perder a confiança em alguém que tinha admirado tanto...

O homem que amava a música e as crianças esteve envolvido num dos crimes mais brutais do século XX. Quando fez essa descoberta, em algum momento a senhora perdeu a fé na humanidade?

É verdade que ele amava a música clássica. Chegou a me enviar fitas cassete com suas músicas preferidas. Tinha em casa várias flautas, guardadas num móvel encimado por um retrato de Johann Sebastian Bach.

Pergunto-me: como é que um esteta, um homem tão culto, poderia cometer tantos horrores?

Penso que ele os cometeu simplesmente porque era um bom funcionário do Estado! Fazia o trabalho que lhe pediram que fizesse.

Parece uma aberração imaginar que um médico – que deveria salvar os doentes – agisse assim, mas ele considerava que enviar pacientes com defeitos físicos para as câmaras de gás era um ato médico. Dizia que aquela gente não tinha consciência de que existia. Se fossem eliminados, seria indiferente para eles...

Que reação a senhora teve quando descobriu que tinha na família alguém que participara de "uma das páginas mais monstruosos da História da humanidade"?

Tomei consciência da importância da ação do dr. Renno no sistema nazista quando descobri um livro escrito por alemães e austríacos, chamado *Les chambres à gaz: secret d'État* ("As câmaras de gás: segredo de Estado").

Como ele uma vez tinha me dito que as câmaras de gás não existiram, eu quis saber o que historiadores alemães e austríacos tinham a dizer. Descobri, então, pela primeira vez, no texto do livro, o nome do dr. Renno, meu tio Georg, justamente num trecho que falava da eliminação de doentes que tinham defeitos físicos.

Tive a sensação de levar um soco no estômago. "Meu Deus, não é possível! Deve ser alguém com o mesmo nome", pensei. Comecei a me inquietar. Procurei informações em outros livros e outros documentos. Quando, finalmente, consegui reunir provas suficientes, enviei cópias de tudo para ele, com uma pergunta: "É você?".

Meu tio me respondeu por telefone: "Sim, sou eu, mas não acredite em tudo o que lê em livros e nos jornais. Há coisas que foram inventadas".

Nesse momento, decidi me afastar do meu tio. Não quis ficar em contato com ele. Era grave demais.

Que lição a senhora gostaria de transmitir para as novas gerações, que não viveram o horror da guerra?

É preciso explicar claramente às novas gerações o que acon-

"Parece uma aberração imaginar que um médico – que deveria salvar os doentes – agisse assim, mas ele considerava que enviar pacientes com defeitos físicos para as câmaras de gás era um ato médico."

teceu, para que elas guardem na memória a certeza de que o pior é sempre possível.

De vez em quando, vou a escolas dizer aos estudantes: "Prestem atenção onde botam os pés. Não acreditem em tudo o que prometem. Procurem os livros. Vejam o que aconteceu. Há gente bem falante que pode enganar vocês. Vocês podem se envolver num movimento de que já não poderá possível recuar.

Infelizmente, há na Áustria, por exemplo, jovens de 25 anos que não sabem o que se passou no castelo de Hartheim, onde tanta gente foi exterminada! Vivem ao lado, mas não sabem. Não sabem quem foi o dr. Renno. Não imaginam que 30 mil pessoas foram mortas no castelo.

A senhora seria capaz de defini-lo em uma só palavra?

Em uma só palavra: Jano. É o personagem da mitologia que tinha dois rostos. Em uma só pessoa, vejo meu tio, um homem gentil, generoso, um esteta, um músico, que amava suas crianças, nos amava, nos agradava e nos acolhia de braços abertos. E vejo o dr. Renno, o médico da morte.

"Caí das nuvens, porque não poderia imaginar que alguém tão inteligente e tão instruído como ele, um médico, tentasse me fazer crer que as câmaras de gás não tinham existido durante o nazismo!"

Entrevista gravada em Estrasburgo, 02/02/2007

Extra! Extra!
As lições do
repórter
que derrubou um presidente

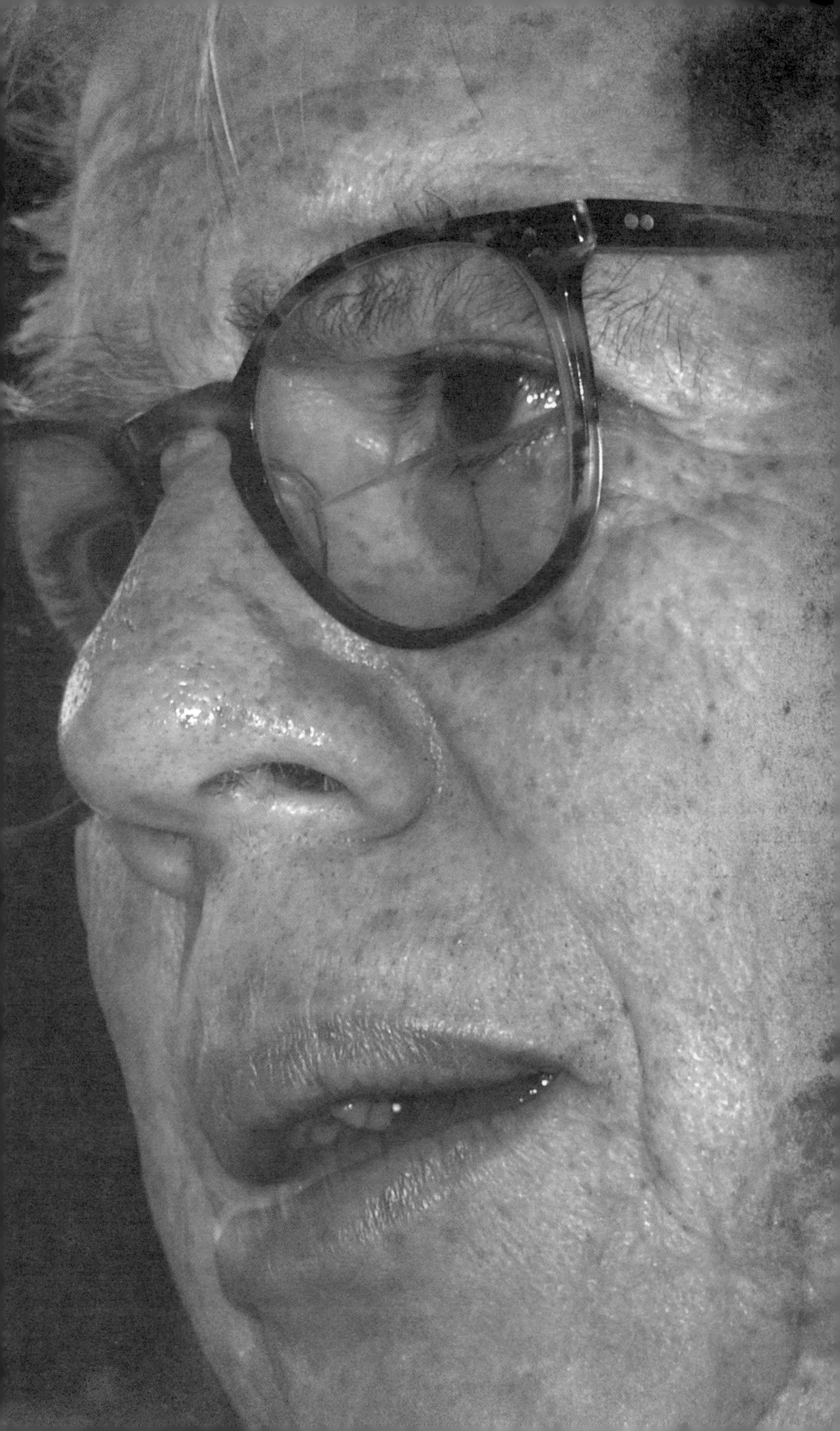

SÃO PAULO, BRASIL

Quem? Carl Bernstein e Bob Woodward. O quê? Publicaram no Washington Post reportagem que levaram um presidente dos Estados Unidos a renunciar ao cargo? Entre 1974? Onde? Em Washington? Por quê?

Carl Bernstein

SÃO PAULO, BRASIL

Quem? Carl Bernstein e Bob Woodward. O quê? Publicaram no *Washington Post* reportagens que levaram um presidente dos Estados Unidos a renunciar. Quando? Entre 1972 e 1974. Onde? Em Washington. Por quê? Porque são repórteres puro-sangue. Se o "quarto poder" existe, ei-lo, então: os cabelos estão totalmente grisalhos; os olhos fixam com firmeza o interlocutor; o sorriso parece sincero e cativante; a mão esquerda exibe uma aliança; a barriga ligeiramente saliente clama por uma boa dieta. Nome da fera: Carl Bernstein. Se fosse dado a bravatas, Bernstein poderia bater no peito e dizer que, em parceria com Woodward, derrubou um presidente americano. Jamais alguém encarnou com tanta propriedade, portanto, o chamado "quarto poder".

Quando o *Washington Post* começou a publicar insistentes reportagens sobre o arrombamento dos escritórios do Partido Democrata no Edifício Watergate, a dona do jornal, Katharina Graham, ficou intrigada com o desdém com que outros jornalistas tratavam do assunto. Perguntou ao editor-chefe, Ben Bradlee: "Se esta história é tão boa, cadê o resto da imprensa?".

O arrombamento – ocorrido no dia 16 de junho de 1972 – parecia um caso policial sem importância. Mas a persistência dos repórteres do *Washington Post* expôs um escândalo: os arrombadores estavam, na verdade, fazendo espionagem política, a serviço de assessores do presidente Richard Nixon. A Casa Branca estava envolvida no jogo sujo.

O escândalo revelado pelos repórteres terminou obrigando o presidente a renunciar. Mas ali, no início de tudo, ninguém seria capaz de imaginar a dimensão que o caso alcançaria. O que havia eram apenas indícios, pistas, fumaça. O fogo apareceria adiante.

"Cadê o resto da imprensa?"

Não se sabe. Mas, aos 28 anos de idade, Carl Bernstein estava no território que é o hábitat natural de todo repórter: a rua. Sob a bênção de Nossa Senhora do Perpétuo Espanto, buscava pistas que esclarecessem o arrombamento do Edifício Watergate, sede do Partido Democrata, que fazia oposição ao presidente Richard Nixon, eleito pelo Partido Republicano.

O fio da meada não demorou a ser descoberto: um dos arrombadores do Edifício Watergate trazia no bolso um pedaço de papel com a anotação "W. House". Parecia ser a abreviação de White House, Casa Branca. E um nome: Howard Hunt.

Bob Woodward arriscou: deu um telefonema para a Casa Branca, para checar se por acaso existiria algum sr. Hunt entre os servidores. A telefonista disse que sim. Iria transferir a ligação. Ninguém atendeu no ramal. A ligação voltou para a telefonista, que informou: "Talvez o sr. Hunt esteja no escritório do sr. Colson".

Tratava-se de Charles Colson, um dos principais assessores do presidente.

Washington Post 1 x Nixon 0.

A descoberta provocaria uma "nova descarga de adrenalina" na equipe do *Washington Post* – diria, tempos depois, o editor-chefe Ben Bradlee, ao descrever a cena.

Quando finalmente conseguiu falar com Hunt, o repórter foi direto ao assunto: "Como é que o nome do senhor foi parar numa anotação encontrada com os arrombadores do Edifício Watergate?".

O assessor de Nixon fez silêncio, antes de suspirar, desolado:

"Meu bom Deus....."

Washington Post 2 x Nixon 0.

O caminho estava aberto para que o jornal estabelecesse uma ligação indesmentível entre o governo do presidente Nixon e os arrombadores que tentavam instalar equipamentos de escuta na sede do Partido Democrata, no Edifício Watergate.

Carl Bernstein juntou as duas pontas do fio que provocaria um curto-circuito fatal no governo Nixon: com a ajuda de um investigador que trabalhava no caso por conta própria, descobriu que as notas de dólar – novas em folha – encontradas com os arrombadores tinham saído de um banco em Miami.

Próximo passo: descobrir se algum dos arrombadores tinha conta na agência. Tinha. Bernard Barker, um dos homens presos na sede do partido, tinha aberto não apenas uma, mas duas contas.

Cartada final: quem tinha abastecido essa conta? Descobriu-se um cheque de 25 mil dólares, emitido por um certo Kenneth H. Dahlberg. Depois de uma nova e frenética busca nos catálogos telefônicos, os repórteres conseguem encontrar o sr. Dahlberg, que informa: como simpatizante de Richard Nixon, tinha recolhido doações em dinheiro para a campanha de reeleição do presidente. As doações foram transformadas em cheque, devidamente encaminhado ao chefe do Comitê de Reeleição do presidente. Dali, o dinheiro foi parar nas mãos dos homens que tentavam espionar a sede do Partido Democrata.

Washington Post 3 x Nixon 0.

Placar final.

"Bingo!", escreveria Bradlee.

O cerco tinha se fechado. A partir daí, em meio a uma crise política que se arrastou por dois anos, o escândalo de Watergate engoliu o governo Nixon. Gravações de diálogos entre Nixon e assessores provaram que o presidente tinha conhecimento das operações de espionagem e sabotagem de adversários políticos. A Suprema Corte obrigou o presidente a divulgar as gravações.

O Senado abriu uma investigação, que, fatalmente, levaria ao *impeachment* do presidente. Nixon convocou uma rede nacional de rádio e televisão para as 9 da noite de 8 de agosto de 1974 para entregar os pontos: anunciou que, ao meio-dia do dia 9, passaria o cargo ao vice-presidente Gerald Ford.

A dupla Woodward-Bernstein ganhou fama, dinheiro e reconhecimento. Em dois livros de sucesso internacional – *Todos os homens do presidente* e *Os últimos dias* –, os dois descrevem a saga iniciada com a cobertura de um arrombamento que parecia banal.

Dirigido por Alan Pakula, o filme baseado no livro *Todos os homens do presidente* tornou-se um clássico do cinema político. Os atores foram escolhidos a dedo entre o primeiro time de Hollywood: Dustin Hoffman encarnou Carl Bernstein nas telas. Robert Redford fez o papel de Bob Woodward.

O autor de um perfil biográfico de Bernstein notou que, em apenas dois anos, a vida do repórter sofreu uma transformação inimaginável. O anônimo repórter que, até então, se ocupava da cobertura de assuntos locais, como arrombamentos sem importância, viu-se transformado em modelo de um dos maiores atores do cinema: Dustin Hoffmann passou a freqüentar a redação do *Washington Post* para observar os maneirismos de Bernstein.

A dupla virou espelho de uma geração inteira de jornalistas. O chefe dos dois, Ben Bradlee, diz que, nos anos seguintes ao escândalo de Watergate, se divertia com a voracidade demonstrada por jovens repórteres na redação do jornal. Inspirados pelo rigor que a dupla Woodward-Bernstein demonstrava na apuração de informações, os aprendizes voltavam da cobertura de um incêndio banal, num subúrbio remoto, dizendo coisas como "Descobri que o chefe dos bombeiros era anti-semita!".

Bradlee diz que a mitologia criada em torno dos dois repórteres teve um efeito positivo: atraiu para o jornalismo "jovens, brilhantes e talentosos homens e mulheres que poderiam ter se encaminhado para outras profissões".

Ao contrário de Woodward – que, na vida pessoal, fez a opção pela discrição –, Bernstein enfrentou turbulências pós-fama: teve problemas com álcool, torrou o dinheiro que ganhou com os livros e o filme sobre o escândalo, freqüentou as páginas dos tablóides como personagem de fofocas.

Três décadas depois de Watergate, no entanto, os dois exibem um fôlego admirável: não deixaram de ser repórteres. Continuam produzindo.

Bob Woodward pediu e, surpreso, recebeu autorização para freqüentar os bastidores da Casa Branca porque queria documentar o que levou o governo Bush a intervir militarmente no Iraque em nome do combate ao terrorismo. Resultado: o livro *Plano de ataque*.

Bernstein lançou, nos anos 90, uma alentada biografia do papa João Paulo II, em parceria com um jornalista italiano. Em seguida, embarcou numa empreitada ambiciosa: a biografia da ex-primeira dama Hillary Clinton, lançada em 2007.

A grande lição que Bernstein nos dá pode ser resumida em

"Carl Bernstein juntou as duas pontas do fio que provocaria um curto-circuito fatal no governo Nixon."

poucas linhas: quando vai apurar uma reportagem, o repórter não deve cair, jamais, na tentação de fazer prejulgamentos sobre fatos e personagens. Bernstein é claro e direto: os jornalistas devem reaprender a ouvir. É uma obsessão que ele cultiva. Diz que só obteve sucesso na investigação sobre o escândalo de Watergate porque ouvia, ouvia e ouvia (daqui a pouco, na entrevista, ele falará sobre essa virtude que todo repórter deve cultivar incondicionalmente). Ao contrário do que tantos jornalistas fazem, não se comportava como se fosse um político: não simpatizava, claro, com as tramóias armadas por integrantes do Partido Republicano nos bastidores do governo Nixon, mas tratou de cultivar fontes de informação importantíssimas entre os republicanos. É assim que se faz jornalismo. Bernstein é inimigo do jornalismo engajado.

O papel do repórter, diz, é e sempre será apurar os fatos com rigor para apresentar ao público "a melhor versão possível da verdade". Numa apuração, todo detalhe é importante. Bernstein e Woodward poderiam ter caído na tentação de articular teses grandiosas sobre a renúncia de Nixon. Mas, não. Em *Os últimos dias*, apegam-se aos fatos: informam, por exemplo, que o presidente dormiu apenas três horas no dia em que anunciaria ao mundo que iria renunciar ao cargo. Ocupado na preparação do discurso que faria em rede nacional de rádio e TV, o presidente disparou um último telefonema para um assessor às 5h14 da manhã. Três horas depois, Richard Nixon estava de pé. O café da manhã, informam os repórteres, foi à base de cereal, leite e um suco de laranja. Milton Pitts, o barbeiro que há anos atendia a Nixon, recebeu às 10 da manhã um telefonema da Casa Branca: o presidente queria que ele estivesse lá às 10h15. Pitts chegou na hora. Ficou sozinho com o presidente durante o tempo em que durou o corte de cabelo: 22 minutos.

Terminada a sessão, Nixon estava pronto para o mais longo dos dias: pela primeira vez na História, um presidente americano renunciaria ao cargo. Os últimos dias de Nixon na Casa Branca foram registrados minuciosamente por Bernstein e Woodward nas 470 páginas de *The final days*. Os dois produziram o que o jornalismo faz: o primeiro rascunho da História.

Agora, ei-lo, numa passagem rápida por São Paulo e pelo Rio de Janeiro. Resolvo embarcar numa "maratona Bernstein", com um gravador, um bloco de anotações e uma câmera. Missão: importunar o repórter do Caso Watergate. A maratona se dividiu em três frentes. Primeira: uma entrevista exclusiva com Bernstein, que desembarcara em São Paulo para fazer uma conferência na Câmara Americana do Comércio. Segunda: um encontro no Rio de Janeiro, a convite do próprio Bernstein, numa noite que reservaria pelo menos uma cena surpreendente: o repórter que derrubou um presidente empunhou uma guitarra para tocar clássicos do *rock*. Terceira: uma garimpagem de tudo o que ele disse na rápida expedição brasileira.

"Se tivesse a chance de fazer uma última pergunta a Nixon, diria: "Por quê? Para quê?" Bernstein não entende por que um presidente que batia recordes de popularidade precisava espionar adversários políticos.

PRIMEIRA CENA: FRENTE A FRENTE COM A FERA.

Uma velha pergunta: qual seria o primeiro conselho que você daria a um jovem repórter?

Seja um bom ouvinte! Penso que os jornalistas se tornaram maus ouvintes. Com freqüência, vão fazer uma reportagem a partir de noções preconcebidas sobre o assunto, especialmente quando trabalham com câmeras. Fazem perguntas apressadas e vão embora.

Minha experiência me ensinou que o que eu pensava que a reportagem seria – tanto no caso de Watergate quanto no de Hillary Clinton, por exemplo – era muito diferente do que acabou acontecendo. Porque eu *ouço* as pessoas. Eu as respeito, sejam elas quem forem. A maioria de nossas fontes no caso Watergate era gente do Partido Republicano que trabalhava ao lado de Richard Nixon! E eu os respeitava.

Isso acontece cada vez menos. Quando você se senta para ouvir um entrevistado, precisa dar a ele tempo para se explicar. Você termina aprendendo coisas incríveis! Quase sempre, descobre algo diferente daquilo que esperava quando chegou com a lista de perguntas.

Se você tivesse a chance de fazer uma última pergunta a Richard Nixon, que pergunta seria esta?
Perguntaria: Por quê? Para quê? (Bernstein fica em silêncio, como se acalentasse até hoje uma dúvida irrespondida: por que um presidente que batia recordes de popularidade precisava espionar o partido adversário, num ano eleitoral?.)

Por que é você não vai agora para o Afeganistão à procura de Bin Laden? Qual a primeira pergunta que você faria a ele?
Não tenho idéia. Perguntaria: como é que você justifica a natureza bárbara dos seus atos contra gente inocente? Penso que ele é um monstro.

Você disse que "torrou" os 3 milhões de dólares que ganhou com os livros e o filme sobre o escândalo de Watergate. Você diria que não soube lidar com a fama, naquele período?
Quando tudo começou, eu não era particularmente bom nesse aspecto. Precisa-se de tempo para lidar com esse dinheiro... Mas gostei. Não tenho muito a lamentar sobre a maneira como o dinheiro foi gasto: com casas ou seja o que for....

O importante é: você precisa de tempo para se acostumar com a atenção que é lhe dispensada e não ficar convencido. Hoje, espero ter adquirido alguma lucidez para não levar as coisas tão a sério e não exagerar...

A resposta é: o melhor é continuar trabalhando. Continue escrevendo livros. Continue fazendo coisas para a TV. Continue escrevendo seus artigos. Não seja imodesto.

Como é que o senhor define a intervenção americana no Iraque?
É uma catástrofe, um desastre. É o resultado da inabilidade e da desonestidade de George Bush. Subterfúgios e informações que ele sabia que não eram exatas foram usados para convencer o Congresso e o povo dos Estados Unidos de que deveríamos entrar numa guerra, que, na verdade, era mal conduzida e ideológica.

É uma guerra que não nos protege contra o terrorismo, ao contrário do que aconteceu com a decisão – acertada – de lançar um ataque contra forças baseadas no Afeganistão.

Eu estive no Iraque. Visitei o país meses antes da primeira Guerra do Golfo. Não era um estado terrorista. Era um estado totalitário, um estado stalinista, um estado laico. Parte da dificuldade vem do fato de que George Bush tem demonstrado não apenas incompetência, mas falta de sinceridade e de honestidade. O Iraque tem sido uma catástrofe para nosso país e para as centenas de milhares de americanos e de iraquianos que têm sido mortos. O pior é que ele tem intensificado o terrorismo.

Além de tudo, no âmbito interno, Bush tem enfraquecido princípios constitucionais e legais. A presidência de George Bush talvez seja vista como a mais desastrosa da moderna História americana. Precisaremos de décadas para nos recuperar de seus excessos.

Com outras palavras, você tem chamado Bush de "mentiroso". Bush mente melhor ou pior do que Richard Nixon?
Não estou certo de ter usado a palavra "mentiroso". Mas há

uma história de inabilidades, inverdades e manipulação cometidas por George Bush, não apenas sobre a guerra, mas até sobre coisas tão básicas quanto um furacão.

O que aconteceu? Um furacão ia atingir Nova Orleans. Bush foi avisado por funcionários da área meteorológica diante das câmeras. Disseram que os níveis de segurança poderiam ser ultrapassados. Durante meses e meses, Bush disse que não sabia que a tempestade poderia ultrapassar os níveis de segurança.

Bush é *sui generis* na história da presidência. Porque ele tem um desprezo pelos fatos e pela verdade que é diferente do de Nixon – que tinha uma grande capacidade intelectual, independentemente do que se possa pensar sobre suas políticas. Já George Bush trouxe para a presidência uma falta de habilidade, uma falta de sutileza, uma falta de curiosidade e de preocupação com os fatos e com a vida real.

Bush tem uma visão fantasiosa sobre o mundo – e também sobre o papel dos Estados Unidos. Ainda que sejamos uma superportência, o exercício de poderes numa condição dessas é um mecanismo delicado.

Não há sutileza ou delicadeza que Bush seja capaz de praticar.

Você compraria um carro usado de George Bush?
Sim. Porque ele entende de carros.

Repórteres gostam de expor a vida privada dos outros. O que é que você sentiu quando a imprensa publicou que você teve um caso com Elizabeth Taylor?
É verdade.... (ri)

Isso é uma pergunta ou uma resposta?

Não chegou a ser um sacrifício ter conhecido Elizabeth Taylor – e também ver a notícia publicada. É um pequeno momento na vida.

Há um problema real quando jornalistas se intrometem na vida dos seus personagens: quando apuram informações que, na verdade, são irrelevantes para entender um assunto estão cometendo um excesso. Isso aconteceu comigo alguma vez? Aconteceu. Mas não vou ficar reclamando.

Só espero que, a vida inteira, eu consiga ver da maneira como vi – por exemplo – a vida de Hillary Clinton: tento ver quem ela é, que valores ela cultiva, assim como fiz com Bill Clinton, que também é personagem da biografia.

Olho para os fatos e tento mostrar o contexto e o peso de cada um, em seus vários aspectos. É tudo o que eu poderia pedir a quem fosse escrever sobre mim. Livros foram publicados sobre mim e Bob Woodward. Mas estamos esperando um que seja realmente bom. Não aconteceu ainda.

Gostaríamos que o livro *Todos os homens do presidente* fosse o texto básico. Mas a vida segue. Um dia alguém vai fazer a coisa certa. Certamente não será da maneira como achamos que deveria ser. Mas penso que acontecerá. Não estamos em posição de reclamar da maneira como os jornalistas nos olham.

Uma dúvida – e desculpe perguntar: Elizabeth Taylor não era velha demais para você?

Isso aconteceu há muito tempo. Aconteceu em minha juventude. E na juventude relativa de Elizabeth Taylor. É uma pessoa maravilhosa. É uma dessas experiências de vida que você fica satisfeito de ter.

Ter sido preso por dirigir alcoolizado foi a coisa mais embaraçosa que você já fez em público?
Não sei. Certamente, não foi. Fiquei feliz por ter sido apanhado, porque vi que era tempo de parar de beber. Faz 22 anos que não tomo um drinque. Parei. Hoje, bebo Coca-Cola.

Qual foi a informação mais embaraçosa que você descobriu sobre a família Clinton? É verdade que o presidente eleito Bill Clinton recebeu a visita íntima de uma ex-amante no dia em que seguiria para Washington para assumir a presidência?
Não estou preocupado com embaraços. Não estou interessado em algo assim. O objetivo de escrever um livro não é causar embaraço. É tentar entender o que a personagem do meu livro é – e como ela tem vivido a vida. Tive todo o cuidado de não escrever um balanço sensacionalista da vida sexual de Bill Clinton. Isso não é algo que me preocupe.

O que me parece importante é o seguinte: desde jovem, Bill Clinton era visto – por muitos – como o maior talento político de uma geração. Hillary Clinton sabia disso. Mas também sabia que o que ela chamava de "compulsão sexual" de Bill Clinton poderia torná-lo politicamente inviável. Começou, então, a encobrir os efeitos dessa compulsão e a lidar com as conseqüências.

Isso se tornou uma grande preocupação para ela: que ele pudesse se tornar politicamente viável. Isso é que era importante.

Mas saber se alguém o visitou um dia antes ou se ele encontrou alguém não é algo que realmente me interesse. Não é a questão.

(Em *A woman in charge*, Bernstein passa em revista os anos de formação da ex-primeira-dama: "Hillary chegou à maioridade numa época nos Estados Unidos em que a sexualidade das mulheres, especialmente das jovens mulheres, passava por uma mudança profunda, em grande medida por causa da fácil disponibilidade da 'pílula'.

Desde o começo do romance, Geoff Shields tinha consciência tanto do desejo de Hillary por experiências sexuais 'responsáveis' como da extraordinária seriedade de propósito, disciplina e foco que ela demonstrava ter. Que ela era 'muito conservadora' ficou óbvio desde o início da relação, que floresceu no auge da permissividade do fim dos anos 60 (...) Shields nunca ficou sabendo se ela fumou maconha (embora o cheiro de baseado pairasse no *hall* de entrada do dormitório). Nunca a viu se exceder na bebida – e ela não era promíscua. Ainda assim, ela com certeza não era uma daquelas mulheres de Wellesley que eram consideradas 'caxias'. Gostava de festas e de dançar ao som de Elvis, Beatles e The Supremes".)

Depois de entrevistar duzentas pessoas, trabalhar dezoito horas por dia durante um ano e escrever 640 páginas, o senhor pode definir Hillary Clinton em apenas uma frase?

Não. E é por esta razão que se escreve um livro – e se gasta tanto tempo. O que posso dizer é que ela é a mulher mais famosa do mundo e, provavelmente, a menos conhecida, em termos do que a realidade da vida tem sido para ela.

É por este motivo que passei sete anos trabalhando no assunto. O resultado foram 640 páginas. É um lugar-comum dizer que alguém é complexo. Mas Hillary Clinton é – de verdade.

Por que Hillary Clinton se recusou a dar entrevista a você? Faltou confiança no repórter?

Não. Acontece que ela gosta de controlar a maneira como é vista. Disse-me que poderia se sentar para falar comigo. Mas, quando decidiu concorrer à presidência, desistiu da entrevista. É alguém que vive sempre tentando talhar a própria imagem. Não gosta da imprensa. Temos amigos em comum.

Hillary disse aos amigos: "Se vocês quiserem falar com Carl, falem. Isso é com vocês". Mas ela não chega a ser fanática por investigações independentes.

O desapreço de Hillary pela imprensa é um dos temas da biografia. É – de certa maneira – um subtexto. Em alguns casos, o desapreço é justificado. Em outros, é um caso de arrogância. Hillary Clinton conhece o meu trabalho. Nós nos conhecemos.

Se ela tivesse se sentado para falar comigo, o conteúdo básico da biografia não seria afetado, mas ela teria uma chance de dizer: "Carl, você deve ouvir Fulano ou Sicrano. Você perdeu este ponto. Você não entendeu bem o que aconteceu aqui. Deve encarar de outra maneira....". Hillary teria tido essa oportunidade.

Isso a ajudaria a complementar o retrato que eu estava traçando – e ela poderia ficar mais satisfeita com o resultado. As resenhas sobre a biografia foram ótimas. Porque a biografia humaniza Hillary.

"As anotações que os dois repórteres do caso Watergate fizeram e os documentos que reuniram durante a cobertura do escândalo foram comprados pela universidade do Texas. Preço: 5 milhões de dólares. Vão ficar disponíveis na internet.

Penso que ela tem tido muitos problemas com esse lado humano, especialmente porque os balanços que Hillary Clinton fez da própria vida – em textos e falas – deixam de fora boa parte da história.

(Bernstein escreveu na biografia: "Em seus primeiros meses na Casa Branca, tanto Bill como Hillary foram alimentados à força com uma verdade impalatável: ao contrário de suas expectativas, não era possível comandar a capital tão facilmente como tinham dominado a política de um pequeno estado do sul. Bill amadureceu politicamente durante seus oito anos como presidente. Mas, no caráter, permaneceu basicamente o mesmo: ambicioso, narcisista, charmoso, brilhante, esperto, indisciplinado, incrivelmente capaz – e, com freqüência, uma decepção pessoalmente".)

O Washington Post *escreveu que a eterna fascinação provocada por suas reportagens investigativas durante o escândalo de Watergate era como uma medalha que você jamais poderá tirar do peito, uma honra da qual você jamais poderá fugir. Você se incomoda em ser citado pelo resto da vida como um dos repórteres que, no fim das contas, acabaram com a carreira de um presidente americano?*

As coisas são assim. É como um jogador de beisebol que será lembrado por uma jogada. Não é algo que me preocupe. Eu e Bob nos sentimos muito bem com o trabalho que fizemos na época e as oportunidades que tivemos desde então. Nós dois tivemos vidas plenas e maravilhosas, além de oportunidades que nos foram oferecidas. Posso estar aqui, por exemplo, para falar com gente maravilhosa, ver o mundo de uma maneira diferente da de outros jornalistas, talvez. Tivemos sorte. Aprecio realmente o lado sortudo de tudo. É bom.

Você e Bob Woodward venderam para a Universidade do Texas todas as anotações e documentos que vocês reuniram durante o escândalo de Watergate. Qual foi o preço?

Foram 5 milhões de dólares. Não sei como responder a essa pergunta, a não ser dizendo que queríamos ter certeza de que todas as nossas anotações e nossos registros ficassem protegidos e abertos a pesquisadores – se bem que algumas fontes foram mantidas em sigilo. Era óbvio que o material tinha um valor histórico. Quando você vende um trabalho, como um livro, por exemplo, há um valor monetário. Tiramos partido desse fato. Mas obedecemos, espero, todas as questões éticas.

É este o preço da história?

Se ninguém tivesse oferecido dinheiro por esses papéis, nós os teríamos doado, de qualquer maneira. O importante era que eles ficassem disponíveis para a História. Há um mercado para itens de interesse histórico. Nós participamos desse mercado, assim como participaríamos com um livro ou algo que tivesse um aspecto comercial. Descobrimos que havia um mercado para documentos assim. Mas, ainda que não existisse, nossa intenção era, sempre, que os documentos ficassem protegidos e disponíveis.

Que tipo de pergunta inconveniente faria você encerrar esta entrevista agora?

Algo que eu achasse que tivesse a intenção de atingir meus filhos.

Um de seus filhos toca guitarra numa banda punk. Alguma vez ele lhe fez alguma pergunta sobre Richard Nixon?
Em primeiro lugar, todos devem ir ao *site* myspace.com e procurar a banda do meu filho, Max Bernstein. A banda é The Actual. É produzida por Scott Weiland – do grupo Velvet Revolver. Max é um grande músico. Fico orgulhoso, porque é meu filho. Também tenho orgulho do meu filho jornalista. Os dois me perguntaram muitas vezes sobre Richard Nixon e sobre Watergate. Os dois têm uma saudável irreverência para levar a sério demais o trabalho dos pais.

Você é um ídolo – e um herói – para muitos repórteres. Quem é o herói de Carl Bernstein?
Quando eu tinha 16 anos, fui trabalhar como mensageiro num belo e velho jornal que já nem existe, o *Washington Star*. Lá havia um grande editor de assuntos locais, Sid Epstein, que morreu há poucos anos. Falei no funeral. Sid me ensinou muito do que sei. Era um repórter e editor da velha guarda. Se eu pudesse citar o nome de uma pessoa, seria ele. (*Sid Epstein trabalhou durante décadas no* Washington Star, *um jornal vespertino que circulou durante 130 anos na capital americana, até fechar as portas, em 1981, em meio a uma crise financeira.*)

O outro seria I. F. Stone, que era um grande jornalista de esquerda. Era mantido fora da grande imprensa, mas vivia fuçando e persistindo. Sem ter grande acesso a fontes dos governos, usava fontes públicas de informação para obter a melhor versão possível da verdade. (*Jornalista independente, I. F. Stone (1907-1989) publicava por conta própria um jornal que chegou a ter uma circulação de 70 mil exemplares nos anos 60. Fazia oposição à Guerra do Vietnam. Conseguiu vários furos de reportagem.*)

H. L. Mencken também.

Mencken escreveu uma vez um artigo contra os zoológicos! É o único jornalista do mundo que escreveu um artigo contra os zoológicos.

Era um cínico profissional! Eu não faria certas coisas que ele fez, mas adoro lê-lo. (*H. L. Mencken (1880- 1956), jornalista considerado iconoclasta, era conhecido por seus textos irônicos e pelas críticas ácidas que dirigia contra todo tipo de alvo.*)

Há grandes jornalistas na geração anterior à minha, como David Halberstam, que acabou de ter um livro publicado nos Estados Unidos sobre a Guerra da Coréia. (*Premiado jornalista americano, autor de livros-reportagem sobre os barões da imprensa e sobre a Guerra do Vietnam, morreu em 2007, aos 73 anos, num acidente de carro, a caminho de uma entrevista. Deixou um livro inédito sobre a Guerra da Coréia, lançado postumamente.*)

E Gay Talese (*Considerado um dos criadores do chamado "novo jornalismo" americano, marcado pelo uso de recursos literários em textos jornalísticos. Uma de suas reportagens mais conhecidas é um perfil do cantor Frank Sinatra.*)

São jornalistas notáveis, que também tinham um ótimo texto. Hoje não nos preocupamos tanto quanto deveríamos com o texto. A maioria dos grandes jornalistas tinha um texto excelente.

SEGUNDA CENA: ANOTAÇÕES LIGEIRAS SOBRE OS BASTIDORES DE UMA COBERTURA.

Uma cena inesperada na noite do Rio de Janeiro: numa madrugada na Urca, o repórter que derrubou o presidente dos Estados Unidos empunha uma guitarra para tocar *rock-and-roll*.

Aconteceu diante de uma reduzidíssima platéia. Quando o concerto improvisado do repórter mais famoso do mundo acabou, o público era formado por exatamente seis espectadores, sentados diante da fera. Testemunhei a cena.

Ao final de uma recepção oferecida a ele por Ana Maria Tornaghi num casarão na Urca, Carl Bernstein – de passagem pelo Rio depois de fazer uma conferência na Câmara Americana de Comércio, em São Paulo – surpreendeu a todos: pegou uma guitarra, cantou e tocou pérolas como "Sweet little sixteen", "Love is strange" (música gravada por Paul McCartney no começo dos anos 70), a bela "Goodnight, Irene" (do folclore americano, regravada "n" vezes por feras como Little Richard), "Bye, bye, love" (aquela que diz *"Bye, bye, happiness /Hello, loneliness /I think I´m gonna cry"*) e "Blue suede shoes" e "La bamba".

Bernstein já foi crítico de *rock*. Tinha 20 anos em 1964. Ou seja: é um legítimo representante da geração que dançou ao som de Elvis Presley. A bem da verdade, diga-se que, como cantor, Bernstein é um excelente repórter. Como instrumentista, dá para o gasto. Se tivesse tentado a carreira nos palcos, hoje estaria tocando numa boate do Alabama. A família é chegada à música: um dos dois filhos de Bernstein, como se sabe, é músico numa banda *punk-rock* chamada The Actual. O outro seguiu a carreira do pai.

Quando acabou de tocar, o super-repórter disse-me: "Hey, você tem uma matéria!".

Eu já estava ligeiramente constrangido: em São Paulo, tinha seguido os passos de Bernstein durante a conferência na Câmara Americana de Comércio. Acompanhei a entrevista coletiva. Gravei uma longa exclusiva. Tirei fotos. Pedi autógrafo num livro. (Isso não é coisa que um entrevistador faça normalmente com o entrevistado, mas, desculpem-me, Bernstein é meu ídolo profissional há séculos.) Aqui no Rio, o assédio se repetia. Não seria hora de parar a "caçada"? Minha porção chacal me soprou: não!

Satisfeito com o jogo de perguntas e respostas de nossa entrevista em São Paulo, o generoso Bernstein me fez, diante da câmera, o maior elogio que ouvi na minha vida profissional ("É uma das melhores entrevistas que já dei para a televisão"). Pensei comigo: "Ok, *stranger*, agora já posso ir morar num rancho em Santa Maria da Boa Vista".

Numa madrugada na Urca, o repórter que derrubou o presidente dos Estados Unidos empunha uma guitarra para tocar rock-and-roll.

Em seguida, pediu meus contatos: telefone, e-mail, celular. Perguntou se eu estaria no Rio nos próximos dias. Eu disse que sim. Pensei que o gesto de Bernstein fosse apenas uma daquelas cortesias que caem no esquecimento 5 minutos depois.

Sorte minha: não foi.

Três dias depois, quando abro o computador, o que é que pisca na tela? Um e-mail de Carl Bernstein me convidando para um jantar. Dei uma saída. Quando chego em casa, nova surpresa: um recado na secretária eletrônica. Bernstein em pessoa. Por fim, quando pego o celular, outro recado do homem. Dois recados nos telefones, dois e-mails (ele mandaria outro). Já não era só um convite: era uma convocação.

Fui. Ganhei outro autógrafo, em que ele qualifica nossa entrevista de *"terrific"*. Brincalhão, faz uma ressalva: diz que tinha adorado a gravação da entrevista, mas queria ver como é que ela seria editada. Tranqüilizo-o: pretendo usar a entrevista na íntegra, sem cortes, porque em emissoras de TV a cabo, como a Globonews, os entrevistados podem falar. Ficou de me passar um endereço, porque queria receber uma cópia da fita, em casa, em Nova York. Prometo, claro, despachar uma cópia em DVD. Juro por Nossa Senhora do Perpétuo Espanto que mandarei.

Próximo assunto: falamos sobre a última empreitada jornalística de Bernstein: a biografia de Hillary Clinton. Bernstein informa que a biografia já sai com uma primeira fornada de 250 mil exemplares.

O espírito de repórter de Bernstein se manifesta a toda hora: em meio à recepção, ele sai perguntando aos convidados quem é que gosta e quem é que não gosta da Catedral Metropolitana do Rio.

Tinha visitado a catedral. Ficou impressionado com a quantidade de gente que fala mal do prédio. "Você gosta da catedral? Você gosta da catedral?", repete. Depois, a cada vez que é apresentado a alguém, repete em voz alta o nome do convidado.

A uma jornalista em início de carreira, Clara Passi, que aproveitou a chance para perguntar qual seria o primeiro conselho que ele daria a um iniciante, Bernstein respondeu: "O repórter precisa saber ouvir!".

A mulher de Bernstein, uma loura altíssima, que dançou enquanto o marido tirava acordes da guitarra, disse que ele tem mania de fazer perguntas. Pudera. "Quando volto do supermercado, ele fica me perguntando o que é que comprei e onde fica a loja", ela diz.

(Eu já tinha experimentado a fúria perguntadora de Bernstein. Terminada a gravação de nossa entrevista, ele me bombardeou de perguntas: "Quando vai para o ar? Como se escreve o seu nome? É português? Quando você vai voltar? Onde é que você mora? Como estará o tempo amanhã no Rio?".)

Perguntar, perguntar, perguntar. Bernstein nunca quis fazer outra coisa na vida. Pouco importa que a situação seja banal, como esta.

As perguntas que ele fez obsessivamente terminaram obrigando um presidente dos Estados Unidos a renunciar ao cargo.

TERCEIRA CENA: O JORNALISTA QUE É ÍDOLO DOS JORNALISTAS COMBATE MITOS. DEZ OPINIÕES DE CARL BERNSTEIN.

As palavras que o super-repórter pronunciou na passagem-relâmpago pelo Brasil servem de lição valiosíssima para jornalistas que, equivocadamente, defendem um jornalismo "engajado".

Carl Bernstein virou sinônimo de jornalismo investigativo. Mas, surpresa, ele é o primeiro a se insurgir quando alguém se refere ao jornalismo investigativo como se fosse o Cálice Sagrado.

Gravando!

1

Não acredito que o jornalismo investigativo seja diferente do resto do jornalismo. Seja no esporte, na economia ou em qualquer área, fazer bom jornalismo é apresentar a melhor versão que se pode obter da verdade. Jornalismo é persistência, é ser um bom ouvinte, é respeitar quem você aborda, é ter tempo. O mito do repórter investigativo – que eu e Bob Woodward contribuímos involuntariamente para criar – não é necessariamente uma boa coisa.

2

A história não se repete. Cada situação existe num contexto próprio. É errado ter uma visão nostálgica do escândalo de Watergate ou do caso da divulgação dos papéis do Pentágono. O melhor é tirar as lições que pudermos desses acontecimentos – e olhar para o nosso tempo.

3

Não acredito que a época de Watergate tenha sido necessariamente um período de grandeza jornalística. A idéia de olhar para aquele tempo como uma época de ouro – que de fato nunca existiu – é, portanto, um grande engano.

4

Não acredito que o papel da imprensa seja dizer às pessoas no que elas devem acreditar. Não acredito! O papel da imprensa é divulgar a melhor versão possível da verdade. Cabe a cada cidadão reagir. Em qualquer democracia, o cidadão pode – ou não – reagir da maneira que você espera. Mas o papel de um repórter não é se levantar e dizer: "É nisso que vocês devem acreditar".

5

A imprensa dá a informação. Se o cidadão resolver votar em George Bush e reelegê-lo, como aconteceu, eu, pessoalmente, posso até não gostar, mas é assim que os cidadãos agiram! O que a imprensa não deve fazer é forçar o público a se comportar de uma determinada maneira.

É sempre muito fácil jogar na imprensa a culpa pela reação lenta e – algumas vezes – pela indesejável resposta política de um país ou de um povo.

6

Acontece o tempo todo. Sou parado na rua por gente que me pergunta: "Por que a imprensa não informa sobre George Bush?". Olho para eles e digo: "Vocês estão loucos? Como é que vocês acham que todos soubemos das coisas terríveis que o presidente tem feito? Pela imprensa! Onde é que a gente soube tanto sobre do aquecimento global? Pela imprensa!".

7

A imprensa freqüentemente faz trapalhadas. Não somos diferentes de outras instituições – que refletem a cultura em que vivemos. Somos como médicos, por exemplo. Você vai a um médico. Em 10% dos casos, precisa sair do consultório para ficar melhor. Um pode salvar você; 30% dos médicos farão você se sentir melhor, 20% farão você se sentir um pouco pior, outros 20% farão você ficar muito pior, e 10% vão matar você. Não acho que nós, jornalistas, sejamos diferentes. Somos diferentes num ponto: quando outras instituições falham, a imprensa precisa estar lá.

Mas a imprensa não pode ter um tratamento especial. É tão capaz de cometer erros ou de praticar corrupção quanto qualquer outra instituição. Talvez um pouco menos capaz.

8

A imprensa chegou atrasada no caso do Iraque porque não fomos suficientemente céticos no começo, no momento em que Bush decidiu ir à guerra. Falhamos na hora de examinar aquela que foi, talvez, a mais desastrosa decisão tomada por qualquer presidência americana nos tempos modernos.

9

O presidente Nixon resistiu. Disse: "Não, vocês não podem ter minhas gravações. Não me importo se vocês são o Congresso dos Estados Unidos. Não me importo se vocês são juízes. Não vou entregar minhas gravações". (*Bernstein refere-se às célebres fitas que registravam tudo o que era dito nas audiências do presidente com assessores na Casa Branca. As fitas eram gravadas com o conhecimento do presidente, mas foram usadas contra ele.*) E o que aconteceu? A Suprema Corte dos Estados Unidos – inclusive juízes que Nixon tinha nomeado e de quem esperava apoio – decidiu, por 9 a 0, que o presidente dos Estados Unidos estava sujeito à lei, tal como você e eu.

Nixon teve de entregar as fitas. O que ocorreu então? As fitas mostraram que o presidente dos Estados Unidos era culpado por ter conspirado, por ter desrespeitado a Constituição dos Estados Unidos e por ter violado princípios democráticos. Houve uma investigação que resultaria no *impeachment*. O presidente disse: "Não saio. Vocês terão de me levar a julgamento!".

Mas, antes até da votação do *impeachment*, senadores e deputados republicanos, integrantes do partido do próprio presidente, liderados por Barry Goldwater, um senador corajoso, um grande conservador, o homem que é de fato o inventor do moderno movimento conservador dos Estados Unidos, foram à Casa Branca dizer a Nixon: "Não vamos apoiá-lo. Se o senhor não deixar o poder voluntariamente, vamos votar pela condenação. O senhor será o primeiro presidente a ser condenado e forçado a deixar o poder".

Nixon desistiu. Neste caso, as instituições funcionaram, não porque o país inteiro desde o inicio estivesse pronto para entender o que tinha acontecido e o que o caso envolvia, mas porque cada elemento do sistema – a imprensa, a justiça, o Congresso – fez o que devia. Em alguns casos, este trabalho exigiu atos corajosos de indivíduos.

10

Nós reportamos os fatos. O sistema funcionou. Mas, para o sistema funcionar, é preciso que a imprensa esteja empenhada em conseguir a melhor versão possível da verdade. É aí que reside a responsabilidade da imprensa! Não é pegar corruptos, mas obter o que chamo sempre de a melhor versão possível da verdade. O que é isso? É contextualizar. Não é apenas se ocupar de corrupção. É reportar as condições de uma cultura. E pôr os fatos num contexto. Tanto nos Estados Unidos quanto no Brasil, é escrever sobre a pobreza endêmica – que é, em parte, resultado da corrupção. O trabalho da imprensa não é derrubar governos. É procurar a melhor versão possível da verdade dentro de uma determinada cultura – com toda a vibração, com toda a dificuldade, com toda a alegria e toda a miséria aí incluídas. Que esta seja a nossa agenda jornalística.

DIVAGAÇÃO SOBRE AS CATEDRAIS

"Se esta história é tão boa, cadê o resto da imprensa?" A pergunta da sra. Graham foi devidamente imortalizada na página 364 da excelente autobiografia de Ben Bradlee, *A good life*.

(Encerrada a minha "maratona Bernstein", divago, solitário, com meus botões: quem já passou 15 minutos numa redação pode apostar, sem margem de erro, onde estava "o resto da imprensa". É pule de dez: é muitíssimo provável que o "resto da imprensa" estivesse fazendo o que, incrivelmente, a esmagadora maioria dos jornalistas faz nas redações. Ou seja: dar de ombros para o que é notícia. Paulo Francis dizia que o melhor jornal é aquele que não é publicado. Bingo!

Depois de 35 anos gramando em redações, peço licença aos senhores jurados para fazer uma declaração pública, na condição de testemunha ocular: jornalistas puro-sangue são os que acendem velas para Nossa Senhora do Perpétuo Espanto, a santa inventada por Kurt Vonnegut. Humildemente, pedem à santa padroeira que não lhes tire, jamais, a capacidade de encarar a vida como se estivessem vendo tudo pela primeira vez.

Porque a capacidade de olhar para os fatos da vida como se estivessem vendo tudo pela primeira vez é o que distingue jornalistas puro-sangue de jornalistas burocratas.

Nossa Senhora do Perpétuo Espanto deveria, portanto, reinar soberana em todas as redações. Lastimavelmente, não reina.

É um fato cientificamente comprovado: em qualquer situação, o bom jornalista é sempre aquele que jamais perde a capacidade de exercitar um saudável espanto e um saudável interesse diante dos fatos e personagens. É desse saudabilíssimo espanto e desse saudabilíssimo interesse que nasce a matéria-prima das redações: a reportagem – e tudo o que o jornalismo possa ter de vívido, luminoso e intenso. Não há exceção a esta regra.

Diante de um assunto interessante, um personagem atraente, um fato que merece ser contado, o jornalista burocrata saca a arma e imediatamente pergunta: "Por que publicar?". O jornalista de verdade, é claro, perguntaria instintivamente:

"E por que não?"

Fim da divagação.)

Fecho a cortina, apago a luz do meu palco mambembe, caminho por entre poltronas vazias e pego a direção da rua. É lá que estão as grandes histórias, os grandes personagens, as grandes vitórias, os grandes fracassos que deveriam alimentar o jornalismo.

Quem sabe, num dia de sorte, o caminhante cruzará com um belo personagem, como, por exemplo, Carl Bernstein, o curioso obsessivo que, depois de falar de guerras, escândalos, superpotências, presidentes e primeiras-damas, fará, no meio da madrugada, uma pergunta sobre a Catedral Metropolitana do Rio de Janeiro, como se quisesse mostrar que um repórter de verdade não pode perder nunca o interesse e a curiosidade pelas miudezas do mundo:

— E você? O que acha da catedral?

"O mito do repórter investigativo – que eu e Bob Woodward contribuímos involuntariamente para criar – não é necessariamente uma boa coisa."

Entrevista gravada em São Paulo, 26/09/2007

OBRAS DO AUTOR:

"CADERNO DE CONFISSÕES BRASILEIRAS/DEZ DEPOIMENTOS, PALAVRA POR PALAVRA : ANTÔNIO CALLADO, ARIANO SUASSUNA, CAETANO VELOSO, CARLOS DIEGUES, FERNANDA MONTENEGRO, FERREIRA GULLAR, JOÃO CÂMARA, JOAQUIM CARDOZO, NÉLSON RODRIGUES, OSCAR NIEMEYER E FERNANDO GABEIRA" (Editora Comunicarte, Recife, 1983)

"CARTAS AO PLANETA BRASIL/ENTREVISTAS COM ANTHONY BURGESS, ARNALDO JABOR, DANIEL COHN-BENDIT, FRANCISCO JULIÃO, GILBERTO FREYRE, GILBERTO GIL, GREGÓRIO BEZERRA, HENFIL, DOM HÉLDER CÂMARA, JOÃO CABRAL DE MELO NETO, JOÃO SALDANHA, LUIZ GONZAGA, PETE BEST, ROBERTO CARLOS, CAETANO VELOSO, RONALD EDWARDS" (Editora Revan, Rio de Janeiro, 1988)

"HITLER/STÁLIN: O PACTO MALDITO", em parceria com Joel Silveira (Editora Record, Rio de Janeiro, 1990)

"NITROGLICERINA PURA", em parceria com Joel Silveira (Editora Record, Rio de Janeiro, 1992)

'DOSSIÊ BRASIL" (Editora Objetiva, Rio de Janeiro, 1997)

"DOSSIÊ 50/OS ONZE JOGADORES REVELAM OS SEGREDOS DA MAIOR TRAGÉDIA DO FUTEBOL BRASILEIRO" (Editora Objetiva, Rio de Janeiro, 2000)

"DOSSIÊ MOSCOU" (Geração Editorial, São Paulo, 2004)

"DOSSIÊ BRASÍLIA" (Editora Globo, São Paulo, 2005)

"DOSSIÊ DRUMMOND" (Editora Globo, São Paulo, 2007)

Editora Globo

Copyright © 2007 by Editora Globo S/A para a presente edição
Copyright © 2007 by TV Globo
Copyright © do texto 2007 by Geneton Moraes Neto

Coordenador (TV Globo para a série Fantástico): Alberto Villas
Edição e revisão de texto: Eliana Rocha
Imagem de capa: Guy Motil/Corbis/LatinStock

Todos os direitos reservados. Nenhuma parte desta edição pode ser utilizada ou reproduzida – por qualquer meio ou forma, seja mecânico ou eletrônico, fotocópia, gravação etc. – nem apropriada ou estocada em sistema de banco de dados, sem a expressa autorização da editora.

Equipe de reportagens da TV:
Cinegrafistas: Paulo Pimentel e Sérgio Gilz (Europa), Bartolomeu Clemente (São Paulo)
Equipe técnica: Pedrinho Tonelada (áudio/SP), Ângelo Polizelo (assistente/SP)
Edição de imagens: Roberto Cavalcanti, André Alaniz, Omar Barbieri
Produção: Gonçalo Gomes (Londres), Paula Tebyriçá (Alemanha)
Arte: Flávio Fernandes, Marcos Silva, Fabrício Baessa, Bernardo Warman
Pesquisa de imagens: Rita Marques
Tradução das entrevistas em alemão: Paulo Rubens Sampaio, Gustavo Castro Alves, Antônio Bulhões
Narração: Sérgio Chapelin, Paulo César Peréio, Berto Filho, Cid Moreira, Edney Silvestre, Evane Bertoldi

EDITORA GLOBO S.A.
Av. Jaguaré, 1485 – São Paulo, SP, Brasil
05346-902
www.globolivros.com.br

Dados Internacionais de Catalogação na Publicação (CIP)
(Câmara Brasileira do Livro, SP, Brasil)

Moraes Neto, Geneton
Dossiê história : a voz das testemunhas : um repórter encontra personagens e testemunhas de grandes tragédias da história mundial / Geneton Moraes Neto. -- São Paulo : Globo, 2007.

ISBN 978-85-250-4379-5

1. História universal 2. Repórteres e reportagens I. Título.

07-8059 CDD-909

Índices para catálogo sistemático:
1. História mundial 909
2. Personalidades da história mundial 909